Wolfgang Gies

Das große Werkbuch zur Bibel

Wolfgang Gies

Das große Werkbuch zur Bibel

Spielen, erzählen, gestalten in Gemeinde, Schule und Gottesdienst

Mit Illustrationen von Ute Thönissen

HERDER

FREIBURG · BASEL · WIEN

www.herder.de

Trotz intensiven Bemühens konnte in einigen Fällen die Quellenangabe nicht ausfindig gemacht werden. Für Hinweise sind Autor und Verlag dankbar.

Umschlaggestaltung: Finken & Bumiller
Titelbild: Ute Thönissen
Satz- und CD-ROM-Gestaltung: SatzWeise, Föhren
Herstellung: fgb . freiburger graphische betriebe
www.fgb.de

Gedruckt auf umweltfreundlichem,
chlorfrei gebleichtem Papier
ISBN 978-3-451-29495-2

Inhalt

Vorwort: Die Bibel zur Sprache bringen 7

1. Die Bibel ins Spiel bringen 9
1.1. Kontaktaufnahme 10
1.2. Rund um die Bibel 12

2. Erzählwerkstatt 18
2.1. Texterschließung 19
2.2. Vorlesen, aber wie? 22
2.3. Erzählen lernen 25
2.4. Biblische Geschichten erzählen 30
2.5. Personen vorstellen 36
2.6. Jesus liest aus der Bibel vor 40
2.7. Erzählstationen 42
2.8. Erzähllandschaften 44
2.9. Lieblingsgeschichten der Bibel 47
2.10. Symbolsprache der Bibel 48
2.11. Nachbereitung von Texten 52

3. Tonstudio 59
3.1. Sprechchor 62
3.2. Sprechmotette 66
3.3. Klang und Rhythmus 69
3.4. »Spiel-mit«-Geschichten 74
3.5. Klangspiel: Der Seesturm 76
3.6. Reportage 79
3.7. Das Gleichnis vom guten Vater 84
3.8. Hörspiel 88
3.9. Klangmalerei 91
3.10. Klangbilder 92
3.11. Klanggeschichten 95
3.12. Feuer und Flamme 97
3.13. Singspiele 99

4. Kunstatelier 105
4.1. Schöpfungslandschaften 106
4.2. Reich-Gottes-Bilder 108
4.3. Landschaftsmaler 111
4.4. Kunstwerke nachgestalten 113
4.5. Bühnenbilder 117
4.6. Gesichtslandschaften 119
4.7. Visualisieren 125
4.8. Bildergeschichten 127
4.9. Projekt »Noah und die Arche« 130
4.10. Puppenspiel 141
4.11. Spiel mit Licht und Schatten 146
4.12. Das große Fest: Eine Inszenierung mit Schattenspieleffekten . . . 150

5. Theaterworkshop 157
5.1. Aufwärmen 158
5.2. Standbilder 159
5.3. Pantomimisches Spiel 164
5.4. Der barmherzige Samariter: Ein ganzheitlicher Zugang 168
5.5. Reflexionsmethoden 174
5.6. Sakraler Tanz 176
5.7. Das Gleichnis vom Sämann 179
5.8. Wer Ohren hat zu hören, der höre! 182

Vorwort

Die Bibel zur Sprache bringen

Wie kann es gelingen, die Bibel so ins Spiel zu bringen, dass sie ankommt bei Kindern und Jugendlichen in Kindergärten, im Religionsunterricht oder in der Gemeindekatechese? Biblische Botschaft darf nicht von oben herab in gähnender Langeweile auf taube Ohren stoßen. Gottes Wort soll deutlich hörbar werden, innerlich Anklang finden und kreativ zum Ausdruck kommen. Dazu wollen die Impulse dieses Buches einen Beitrag leisten und Gruppenleiterinnen, Erziehern, Religionspädagoginnen und Verantwortlichen in der Gemeindearbeit Anregung geben für eine lebendige Bibelkatechese.
Dabei stehen die Methoden im Vordergrund, ausgewählt aus einem breiten Spektrum an Möglichkeiten. Sie müssen auf die eigene Situation zugeschnitten und in einen sinnvollen, thematischen Kontext eingebettet werden. Sie sind zusammengestellt unter je einem methodischen Fokus:

- **Wir bringen die Bibel ins Spiel** in einer ersten Kontaktaufnahme, kommen in Tuchfühlung mit dem großen Buch und öffnen seine sieben Siegel.
- In der **Erzählwerkstatt** kommt die Gute Nachricht zu Wort und wird erzählend vergegenwärtigt.
- Im **Tonstudio** wird Gottes Wort zu Gehör gebracht und hoffentlich gut aufgenommen.
- Im **Kunstatelier** werden biblische Motive mit schöpferischer Ausdruckskraft in Form und Farbe ausgemalt.
- Im **Theaterworkshop** werden wir die Figuren der Bibel zu neuem Leben erwecken und wirkungsvoll in Szene setzen.

Die Urkunde des Glaubens mit ihrem christlichen Anspruch bekommt so eine konkrete Gestalt und wird ganzheitlich erfahrbar in jeder einzelnen Person und in der Gemeinschaft. Dabei setzen wir auf die »performative« Kraft des biblischen Wortes selbst, die Wirklichkeit nicht nur deuten und ausrichten, sondern aus der Kraft Gottes tatsächlich verändern kann.

Die vorgestellten Spielideen sind – eventuell nach kleineren Anpassungen – realisierbar im Rahmen von:

Gruppenstunden

- Kindergarten
- Jugendarbeit/Ministrantenstunden
- Laienspielschar
- Familienkreise

Religionsunterricht

- Religionsunterricht Grundschule/Sekundarstufe
- Projekttage/religiöse Besinnungstage
- Schulgottesdienste
- Laienspiel AG

Gemeindekatechese

- Seelsorgestunde
- Bibelkreis
- Erstkommunion
- Firmkatechese

Wortverkündigung

- Gottesdienst-Vorbereitungskreise
- Fortbildung für Priester
- Gemeindereferentinnen
- Ökumenegruppen

Kirchliche Bildungsarbeit

- Einkehrtage
- Erwachsenenbildung
- Lehrerbildung
- Leiterinnenschulungen

Aktionstage

- Gemeindewochenende
- Bibelwoche
- Bibelwerkstatt
- Familienwochenende

Ich wünsche Ihnen gute Erfahrungen mit der Bibel – dass sie ihre Bedeutung mithilfe der aktualisierenden Vorschläge für jede Einzelne auch heute entfalten kann.

1. Die Bibel ins Spiel bringen

Der erste entscheidende Schritt aus der eigenen Lebenswelt in die Welt der Bibel fällt leichter in Gruppen, die schon mit der Bibel vertraut sind und keine Ängste haben, sich untereinander darüber auszutauschen. Kann dies nicht vorausgesetzt werden, soll mit diesen Methoden das Interesse an der biblischen Botschaft geweckt werden. Hier gilt in jedem Fall das »Überwältigungsverbot«: Wenn die innere Bereitschaft zur Auseinandersetzung mit der Bibel in spielerischer Form nicht besteht, haben alle Ideen keine tragfähige Grundlage und müssen zurückgestellt werden. Es gibt dafür auch hier im Buch außerbiblische Stoffe, die eine Gruppe reifen lassen, um sie allmählich in Tuchfühlung mit der Guten Nachricht zu bringen.

Kommt eine Gruppe erstmalig mit dem Ziel zusammen, sich gemeinsam in spielerischer Form mit einem biblischen Text auseinanderzusetzen, ist es günstig, wenn man im Stuhlkreis mit einer informativen Eröffnung und einer ersten Aufwärmphase beginnt. Hier schaffen bekannte Kennenlern- oder einfache Gruppenspiele eine Atmosphäre, in der sich die Teilnehmer vertraut werden. Wenn Teilnehmerinnen selbst Vorschläge einbringen dürfen, spüren sie bald, dass eigene Ideen willkommen sind. Danach empfehlen sich zunächst Spielideen, die eine erste Begegnung und Kontaktaufnahme mit der Bibel anstreben.

In diesem ersten Kapitel werden solche Möglichkeiten vorgestellt, in eine erste Berührung mit der Bibel als Buch der Weltliteratur und der jüdisch-christlichen Überlieferung zu kommen, sie als Anregungsquelle zu entdecken für die spielerische Auseinandersetzung mit existenziellen Grundfragen des Lebens und des Glaubens. Dabei gilt es, die eigene Beziehung zu diesem Buch zu klären und neue Seiten darin zu entdecken.

Entdecken wir die Bibel als ein unschätzbar wertvolles Kulturgut in unserer Lebenswelt. Sie hat in ihrer aufregenden Literaturgeschichte über viele Generationen Weisheiten der Menschheit aufgenommen wie kein anderes Buch. Sie wurde zu einem kostbaren, unerschöpflichen Schatz, den es zu bergen gilt, um Gottes Wort vernehmbar, hörbar zu machen. Durch spielerische Fantasie werden die Motive dieser »fossilen« Texte der Weltliteraturgeschichte wieder verlebendigt und mit den eigenen Lebenserfahrungen verbunden. Bringen wir so die Bibel als Urkunde des überlieferten Glaubens schrittweise in den Sinnhorizont der Gruppe.

1.1 Kontaktaufnahme

Intention: Kontakt innerhalb einer Gruppe aufbauen und mit der Bibel in Berührung kommen.

1.1.1 Kennenlernspiele

Von den vielen bekannten Spielen zum Namenlernen führt eine Idee schon zur Bibel: Jeder Teilnehmerin wird ein Name eines biblischen Paares – Adam und Eva, Kain und Abel, Petrus und Paulus – auf den Rücken geklebt, ohne dass sie selbst weiß, wen sie verkörpert. Frei im Raum umhergehend muss sie durch Befragen der anderen herausfinden, welche biblische Gestalt sie vertritt. Die Fragen dürfen jedoch immer nur mit Ja oder Nein beantwortet werden. Am Ende stellen sich die biblischen Paare zusammen auf.

1.1.2 Partnerportrait/Selbstportrait

Gegenüber sitzend malt jeder seinen Partner und befragt ihn dabei nach seinen Erwartungen an die anderen und zur Veranstaltung, so dass er ihn später anhand eines Steckbriefes den anderen vorstellen kann. Oder: Mit Hilfe eines Spiegels malt jeder sich selbst und stellt sich damit selbst vor. Die Bibel wird später zum »Seelenspiegel«.

1.1.3 Stimmungsbarometer

Auf einem Pappteller malen wir unser Gesicht ohne Mund. Den gestalten wir mit einer Musterklammer und einem kleinen Stück Pfeifenputzer oder biegsamen Draht variabel. Der Teller kann so Auskunft über unsere Augenblicksstimmungen geben. Später dient er der Visualisierung des Stimmungswandels in Bibelgeschichten: Zachäus kann wieder lachen!

1.1.4 Requisitenkoffer

In die Mitte wird ein Requisitenkoffer gestellt. Wir raten, was darin sein könnte. Dann öffnet die Spielleiterin den Deckel und holt ein Teil heraus, z.B. einen originellen Damenhut, eine verrückte Brille. Aufgabe ist es, sich jeweils blitzschnell eine Geschichte auszudenken, in der dieser Gegenstand eine Rolle spielt, und sie im Kreis spontan zu erzählen oder zu spielen. Reizvoll ist es, wenn eine zweite Spielerin mit einer weiteren Requisite in die Szene einsteigt, so dass stets zwei Spielerinnen gleichzeitig agieren.

1.1.5 Erster Bibelkontakt

Am Ende holt der Spielleiter die Bibel hervor und legt sie dekorativ auf eine ausgebreitete Decke. Nach einer kurzen Stille beginnt die Spielrunde, indem einer spontan (!), eventuell mit seiner Requisite bewaffnet, in Gestik, Mimik – bei Bedarf auch mit Worten – Kontakt zur Bibel aufnimmt, sei es ablehnend, gleichgültig, hoch interessiert, frömmelnd, skeptisch. Überlassen wir es dem Augenblick, was sich daraus entwickelt. Der Spielfluss kann geschürt werden, wenn jeweils zwei (anfangs vielleicht auch der Spielleiter) gleichzeitig in die Mitte treten und sich ins Gespräch bringen.

1.1.6 Die Bibel – ein Buch für mich?!

Am Ende lässt die Spielleiterin die Bibel im Kreis herumgehen. Jede, die sie eine Zeit in Händen hält, versucht dabei, durch Mimik, Gestik oder eine kleine Ansprache an das Buch ihre eigene Beziehung zur Bibel möglichst authentisch zu spiegeln, sich je individuell der Tuchfühlung mit der Bibel zu stellen und sich ihr gegenüber nach eigenem Augenblicksgefühl intuitiv zu verhalten, so dass sich daraus ein Gesprächsanlass ergibt.

1.2 Rund um die Bibel

Intention: Die Bibel soll in den Mittelpunkt gerückt und ihre einzigartige Bedeutung nachvollziehbar werden.

1.2.1 Die Bibel im Zentrum

Die Bibel selbst oder eine ausgewählte, nicht zu lange Bibelgeschichte wird in die Mitte eines großen Papierbogens gelegt, so dass alle Teilnehmer außen herum einen Kommentar dazu malen oder schreiben können. Mögliche Impulse: »Wenn ich die Bibel/Bibelgeschichte sehe, dann fällt mir dieser Gedanke dazu ein: …«, oder: »Das wundert mich – stört mich – freut mich – ärgert mich an dem Buch/Text.«

1.2.2 Außenansichten

Wie denken andere über die Bibel? Wir befragen Bekannte, Mitschülerinnen, Freundinnen und vielleicht auch Menschen auf der Straße nach ihrer Meinung zur Bibel. Daraus kann eine kleine Dokumentation werden.

1.2.3 Innenansichten

Es lohnt sich, einmal inne zu halten und sich die eigene Haltung zur Bibel bewusst zu machen. Dazu versammeln wir uns im Kreis um eine aufgeschlagene Bibel und werden ganz still. Welche Bedeutung hat die Bibel bisher in meinem Leben gehabt? Was gefällt mir an ihr – was finde ich seltsam? Wie vertraut ist sie mir – was ist mir noch fremd? Was weiß ich eigentlich über sie – was möchte ich dazu wissen? Lasse ich sie nah an mich heran – oder meide ich sie? Die Antworten bleiben natürlich unausgesprochen jedem überlassen.

1.2.4 Welche Rolle spielt die Bibel?

Aus einem Stapel werden Kärtchen gezogen oder ausgewählt, die als Anregung für kleine Spielszenen dienen, die zum Nachdenken führen und zu weiteren Ideen zur Frage, welche Rolle die Bibel im (eigenen) Leben spielen kann.

Kopiervorlage zu 1.2.4: Ideenkärtchen

Stell dir vor, du begegnest hier zum ersten Mal im Leben einer Bibel.	Wie begegnet jemand der Bibel, der alte Bücher sammelt und verkauft?
Ein Kunsträuber interessiert sich für das wertvolle Buch.	Eine Ordensfrau verehrt die Bibel als einzigen Besitz.
Ein Auktionator versucht, eine Bibel zu versteigern.	Eine Theologin interessiert sich für diese besondere Bibelausgabe.
In einem Gottesdienst wird aus der Bibel vorgelesen.	Ein Kind bekommt die Bibel vom Patenonkel geschenkt.
Eine Buchhändlerin stellt die Bibel dekorativ in ihr Schaufenster.	Ein enttäuschter Christ sieht die Bibel im Schaufenster.
Ein Priester bereitet sich mit der Bibel auf die Sonntagspredigt vor.	Eine Restauratorin begutachtet die Bibel, um sie zu konservieren.
Ein Kind bekommt auf der Bettkante aus der Bibel vorgelesen.	Eine Kranke findet in der Bibel Halt und Trost.
Ein Mönch schreibt eine Bibelhandschrift.	Eine Gruppe hält eine Bibelstunde.

1.2.5 Bibel-Altärchen

Jeder überlegt sich, wo und wie er seine Bibel besonders schön positionieren möchte: auf einem Hocker, ausgestellt auf einem schön drapierten Tuch, dekorativ mit Kerzen und Blumen verziert, mit Symbolbeigaben, auf der Fensterbank oder mit anderen gemeinsam in der Kreismitte als Bodenmandala gestaltet? Es sollte entsprechend einladendes Dekorationsmaterial zur Auswahl bereitstehen.

1.2.6 Bibelausstellung

Wir tragen alle Bibeln, Bibelbilderbücher und Bücher zur Bibel zusammen, die wir zu Hause oder in Büchereien finden, legen sie auf einen großen Tisch und vergleichen sie miteinander. Dann sortieren wir sie und bereiten eine kleine Bibelausstellung in der Pfarrbücherei, im Schulflur oder in einem anderen Raum vor. Natürlich brauchen die Besucherinnen einige plakative Hinweise und Erläuterungen. Woher bekommen wir Informationsmaterial? Wie könnten Plakate oder ein Ausstellungsführer gestaltet werden?

1.2.7 Bibelbox

Ein leerer Schuhkarton mit der Aufschrift: »Fragen zur Bibel« wird mit einem Schlitz im Deckel aufgestellt. Alle im Kreis dürfen Fragen zur Bibel auf Zettel schreiben und in den »Briefkasten« einwerfen. Später werden die Fragen nach und nach abgearbeitet. Die Box bleibt als Fragenspeicher für künftige, neue Fragen verfügbar und wird immer wieder geöffnet, um die neuen Fragen zu beantworten.

1.2.8 Gedankenreise

Eine Gedankenreise führt zurück zu einer Situation, in der wir der Bibel begegnet sind. Das mag die erste oder eine flüchtige Begegnung gewesen sein oder ein Wort der Bibel, das besonders nahe war. Jeder entscheidet sich für eine konkrete Erinnerung und behält sie für sich. Er versucht, sich so genau wie möglich diesen Moment wieder zu vergegenwärtigen und sich auch an die Personen in der Nähe, die Umgebung, in der das geschah, den zeitlichen Rahmen und den gesamten Lebenskontext damals zu erinnern. Wer will, kann danach an einen Tisch gehen und in einem Bild oder Text die Situation malen oder aufschreiben.

Die Gedankenreise kann z. B. so angeleitet werden:

Leise Musik im Hintergrund lädt ein, zur Ruhe zu kommen. Die Anleitungen werden langsam, mit ausreichenden Pausen nach jedem Gedanken und mit gedämpfter, ruhiger Stimme gesprochen.

Wir setzen uns bequem und schließen die Augen.
Wir warten ohne Zwang, bis wir ganz bei uns sind.
Wir achten auf den Atem, wie er langsam in uns strömt,
eine Zeit in uns verweilt, dann von alleine wieder ausströmen will.
Bald steigen Bilder in mir auf. Ich lasse sie kommen und gehen.
Ich bin ganz bei mir.
Ich lasse meine Gedanken in die Ferne schweifen, zurück in die Vergangenheit: die letzten Minuten – Stunden – Tage – Wochen – Monate – Jahre.

Wo ist mir einmal eine biblische Geschichte begegnet?
Wann war das? Wie war das für mich? Wo war ich da?
Ich erinnere mich an Einzelheiten:
War ich allein? Habe ich sie selbst gelesen? Wer hat sie mir erzählt?
Wie war die Umgebung? Der Raum – die Zeit – die Stimmung – das Licht? Gerüche – Farben – Gefühle?

Welche Geschichte war es?
Ich erzähle sie mir noch einmal stumm.

Ich lege sie liebvoll zurück und verabschiede mich von ihr mit einem Lächeln.

Wenn ich zurück will in die Gegenwart,
öffne ich meine Augen,
atme ein-, zweimal tief durch,
recke und strecke mich,
schau mich im Raum um und bin wieder ganz bei mir,
hier im Kreis.

Die Musik klingt aus.

1.2.9 Geschichtenschatz

Eine DIN A4-Mappe wird in der Gruppe oder für jeden Teilnehmer angelegt, in der die schönsten Geschichten gesammelt werden, die uns in den nächsten Monaten begegnen. Sie wird mit einem schönen Titelbild geschmückt: »Unser Geschichtenschatz«.

1.2.10 Tagebuch

Jede legt ein Tagebuch an, in das sie ihre Tageserlebnisse schreiben und skizzieren kann und in dem sie vielleicht auch ihr persönliches Protokoll über die Erfahrungen in der Bibel-Gruppe oder mit der Bibel festhalten wird. Das Tagebuch bleibt natürlich Privatsache.

1.2.11 Buch des Lebens

Angenommen, es gäbe ein Buch, in dem Menschen von Anfang an zu allen Zeiten ihre schönsten Erfahrungen, größten Sorgen und wichtigsten Ereignisse niedergeschrieben und für die Nachwelt festgehalten hätten. Was würde da alles nachzulesen sein? Und jetzt ist es an uns, einen Beitrag für dieses Buch selbst zu verfassen. Wir schreiben ihn auf ein schönes Briefpapier und legen die Blätter später in unser Geschichtenbuch, Tagebuch oder zur Schriftrolle.

1.2.12 Schriftrolle

Wir legen eine Tapetenrolle an, auf die wir künftig alle Bibelgeschichten, die uns begegnen, in Schönschrift schreiben, ggf. kopieren, verzieren und illustrieren, und die wir als unsere Bibelrolle pflegen.

1.2.13 Forschungsauftrag zur Bibel

Wir tragen Informationen aus Büchern, eigenem Wissen und dem Internet über die vier Evangelisten zusammen und gehen der Frage nach, wer eigentlich die Bibel aufgeschrieben und verbreitet hat und warum.

2. Erzählwerkstatt

Hier geht es in erster Linie um einen Zugang zur Bibel auf dem narrativen Weg. Wir hören zuerst zu, versuchen dann, die Erzähltradition der Bibel aufzugreifen und selbst zu Erzähl-Boten zu werden. Wie sonst kann Gottes Wort hörbar werden, wenn nicht durch die Kraft des Erzählens, aus der heraus es selbst einst geboren wurde?
Erzählkompetenz muss und kann erworben werden, die Sprache und der Wortschatz können mit Übungen erweitert werden. Viele trauen sich nicht einmal in vertrauter Gesellschaft, einen Witz oder eine kleine Anekdote zu Gehör zu bringen. Doch schon einfache Übungen bringen uns auf die Spur und legen eine erste Brücke über den »breiten Graben« zwischen der Alltagssprache junger Menschen heute und der Erzählsprache der Bibel in fernen Tagen.
Der methodische Weg beginnt mit einfachen Vortrags- und Erzählübungen in der Erzählwerkstatt und führt zu Formen des dramaturgisch anspruchsvollen Hörspiels im improvisierten »Studio«. Die Fähigkeit, fantasievoll und ansprechend zu erzählen, ist gleichzeitig Basisqualifikation für alle weiteren spielerischen Möglichkeiten rund um die Bibel. Dabei wird eine Gruppe sicher bei Bedarf länger auf einer Entwicklungsstufe verweilen oder in Variationen Spielideen wiederholt aufgreifen, an denen sie besonders Gefallen gefunden hat.
Der jeweilige thematische Kontext, in dem die Methoden angewandt und die Geschichten ausgewählt und verarbeitet werden, tritt dabei in den Hintergrund der Überlegungen. Die Situation ebenso wie die Zielgruppe und der passende Organisationsrahmen müssen in jedem Fall individuell berücksichtigt werden.
Die hier vorgestellten und an einigen Beispielen illustrierten Methoden können natürlich auch mit anderen biblischen Texten verwendet werden. Eigene Ideen sind willkommen und sollten entsprechend eingeflochten werden.
Im schulischen Kontext bieten die Ideen Bausteine für eine Unterrichtsreihe, die um andere Formen und Inhalte des schulischen Lernens ergänzt werden können. Sie eignen sich zum Teil auch für arbeitsteilige Gruppenarbeit, Phasen freier Arbeit oder als Elemente von Lernstraßen.

2.1 Texterschließung

Intention: Eine biblische Geschichte, die man erzählen oder ins Spiel bringen will, muss zunächst vom Inhaltskern her erschlossen werden. Dazu wollen die folgenden Ideen eine Hilfe an die Hand geben.

Die folgenden Fragen können als Anleitung für eine erste Auseinandersetzung mit dem biblischen Text dienen. Sie können auf Kärtchen geschrieben und in die Mitte gelegt werden oder auf einer Folie projiziert werden.

Wo und wann spielt die Geschichte?

Ort und Zeitraum der Geschichte werden herausgelesen und als Landkarte mit einfachen Strichen auf einem großen Bogen Papier in der Kreismitte skizziert. Zeiträume können mit Jahreszahlen, Zifferblatt oder Zeitschienen dargestellt werden. Manchmal ist der reale Ort weniger bedeutsam als die Wetterlage (Seesturm), die sich etwa mit farbigen Tüchern andeuten lässt. Auch andere, symbolische Legematerialien (Spielsteine, farbige Tücher für Tageszeiten) leisten gute Dienste als Anschauungshilfe.

Welche Personen bestimmen die Handlung?

Zuerst unterstreichen wir die handelnden Personen im Text. Dann schreiben wir für jede Person ein Namensschild, z. B. Räuber – Priester – Levit – Samariter. Statt bloßer Schilder lassen sich Spielpüppchen, Plastikbecher oder Würstchenteller beschriften. Die Protagonisten der Erzählung werden dann einzeln charakterisiert, beschrieben und bei Bedarf mit Personen als Rollenträger besetzt.

Wie stellen sich die Beziehungen zwischen den Personen dar?

Die Namensschilder werden so in die Landschaft gestellt, dass ihre Beziehungen sichtbar werden. Veränderungen im Laufe der Erzählhandlung werden durch Verschiebung der Positionen wie beim Schachspiel verdeutlicht. Bänder, Pfeile oder Symbole zeigen Spannungen auf (z. B. Räuber: Steine, Opfer: rot beflecktes Tuch, Samariter: Herzsymbol). Damit erhalten die Handlungsträger einen für sie typischen Charakter, der später fantasievoll weiter ausgemalt wird. Das Bodenbild wird zu einer Art Display zur Veranschaulichung der Personen und Beziehungen.

Was geschieht im Verlauf der Geschichte?

Wie in einem Drehbuch werden die einzelnen Handlungssituationen um die Landschaft herum mit Stichworten beschrieben oder als Bilderfolge wie bei einem Comic skizziert. Eine chronologische Handlungstabelle oder eine Leiter mit Szenen-Überschriften als Darstellungsmuster ist hilfreich. Dabei können die Handelnden näher charakterisiert werden mit Attributen oder Symbolen: +/- oder Smiley. Einfache Skizzen sind großen Kunstwerken vorzuziehen, denn es geht um Klärung der Erzählstruktur. Der Aufbau der Handlung folgt einem Spannungsbogen, der als gekrümmte Linie dargestellt wird. Gemalte Szenenbilder lassen sich in einem Spannungsbogen aneinander legen, dass sich die Szenerie wie eine Brücke oder Fieberkurve darstellt.

Um welchen Wert dreht sich alles?

Auf einen weiß überklebten Bierdeckel wird der Wert dazu geschrieben, um den sich alles in der Geschichte dreht, z. B. Geld, Macht, Liebe. Es können auch verschiedene Werte nebeneinander oder strittig verhandelt werden. Statt der Pappscheiben wirken Symbole (Schatz im Acker = Edelstein, Hochzeit zu Kana = Weinkrug) aussagestark. Werte sind nicht immer eindeutig, sondern ambivalent. Sie lassen sich dann eher als Gegensatzpaare auf einem Kontinuum darstellen: Angst – Vertrauen, Habgier – Großzügigkeit, Schuld – Vergebung. Der Hinweis, dass sich hinter solchen Wertbegriffen oft Namen Gottes verbergen (Gerechtigkeit – der Gerechte, Barmherzigkeit – der Allerbarmer), führt zum nächsten Schritt.

Wo und wie kommt Gott vor?

Ein Fragezeichen oder eine Kerze wird als Symbol dort in die Landschaft gestellt, wo wir Gottes Nähe in der Erzähllandschaft am ehesten vermuten oder wünschen. Die Frage nach Gott löst oft eine intensive Suche und persönliche Stellungnahme aus. Manchmal versteckt sich die theologische Dimension zwischen den Zeilen (in der Josefsgeschichte wird Gott im Gelingen des Lebens als Ganzes sichtbar).

Welcher Glaubenszuspruch klingt in der Geschichte an?

Wichtig ist es, sich selbst dem biblischen Text zu stellen und innerhalb der Gruppe darüber auszutauschen, welcher Glaubenszuspruch hörbar wird, was die Geschichte mit uns macht, wie sie bei uns ankommt, welche Erzählabsichten wir darin vermuten oder selbst durch die spielerische Auseinandersetzung aufwerfen. Aufkommende Fragen drängen dann nach Klärung. Fehlendes Deutungswissen führt zur Suche nach Antworten.

Welche Gestaltungs- oder Spielideen bieten sich an?

Hieraus sich ergebende Schwerpunkte lassen nach der Leitidee der spielerischen Ausgestaltung fragen. Dabei geht es um eigene Deutungsversuche, die verfremden oder zu neuen, ungeahnten Erfahrungen führen, sogar scheitern dürfen. Dabei entfaltet sich eine eigene Dynamik. Es gehört ja gerade zum Wesen der Methoden, durch Identifikation, Übernahme von Rollen und spielerische Kreativität eigene und unvorhersehbare Erfahrungen auszulösen. Im Mittelpunkt steht nicht die Frage nach der »richtigen« Interpretation, sondern eine Erweiterung des Deutungsspektrums durch die Einfühlung in die Charaktere und das Nachempfinden des Geschehens. Dabei sollten eigene Vorlieben und Ideen der Teilnehmerinnen Vorrang haben. Die Spielleiterin bringt dazu selbst Ideen als Angebot ein und bleibt dennoch offen für das, was aus der Gruppe kommt.

2.2 Vorlesen, aber wie?

Intention: Den Umgang mit Texten üben und die Vortragsqualität schrittweise verbessern.

2.2.1 Vorübung

Jeder wählt einen Lesetext aus einem Stapel von altersgemäßen Büchern, Zeitungen oder Textblättern (keine Bibeltexte) und übt zunächst eine beliebige Textpassage von ein bis zwei Sätzen (maximal 20 Sekunden), so dass er sie flüssig vorlesen kann. Dann beginnt die Vortragsrunde im Kreis in unterschiedlichen Variationen in Betonung und Stimmlage.
Um die Variationsbreite der Betonungen zu erhöhen, werden die Impulskarten (vgl. Kopiervorlage) nacheinander aufgedeckt – möglichst in der vorgestellten, im Anspruch sich steigernden Reihenfolge. Die Idee auf der Karte wird vorgetragen und dann von jedem im Kreis einmal aufgegriffen. Auch hier bitte keine Bibeltexte wählen, sondern Zeitungsartikel oder Trivialliteratur!

2.2.2 Bibelverse zur Sprache kommen lassen

Jede nimmt jetzt eine Bibel zur Hand und schlägt auf Ansage eine zufällige Seite auf. Hier deutet sie mit dem Finger willkürlich auf eine Stelle im Text und liest sich den dort stehenden Vers solange vor, bis sie ihn auswendig kann. Sind alle Teilnehmerinnen soweit, gehen sie frei im Raum umher und rezitieren dabei ihren Vers immer wieder. Bei jeder Begegnung mit einer Mitspielerin sprechen sie ihren Satz einmal deutlich mit Augenkontakt, so dass jede das Zitat ihres Gegenübers hören kann, bis alle jeden Vers mehrfach gehört haben.

2.2.3 Betonungen variieren

Darauf rezitieren alle gleichzeitig umhergehend ihren Vers nach Ansage des Spielleiters in unterschiedlichen Lautstärken, Betonungen und Gefühlslagen: als Gerücht auf dem Marktplatz, als Trauerrede oder Laudatio, in einer Predigt oder als Rufender in der Wüste. Einfache Handzeichen können die Lautstärke signalisieren, ein Tamburin das Zeitmaß vorgeben.

Kopiervorlage zu 2.2.1: Impulskarten

Textarten

Alle lesen ihre Texte nacheinander vor, und zwar in der ersten Runde so, als sei es ein Wetterbericht, dann ein Roman, ein lyrischer Gedichtsvortrag, eine Litanei, ein Rap; eine geheime Nachricht, ein Märchen, ein Zeitungsbericht, eine Anekdote.

Lesetempo

Alle lesen ihre Texte nacheinander vor, zuerst in Zeitlupe mit langen Pausen, in der nächsten Runde ganz schnell, ohne Punkt und Komma, in der letzten Runde mit schwankendem Tempo.

Lautstärke

Alle lesen ihre Texte nacheinander vor, zuerst im Flüsterton, dann als Marktschreier, am Ende mit auf- und abschwellender Lautstärke.

Stimmlage

Der Spielleiter beginnt mit seinem Text jeweils eine Runde in einer typischen Stimmlage, die von den Nachfolgern aufgegriffen wird: tief aus dem Bauch, lippenbetont oder aus dem Rachen, mit breitem oder gespitztem Mund, zwitschernd mit Fistelstimme oder als Stadionsprecher.

Stimmungen

Mit der Stimme werden Stimmungen ausgedrückt: abwechselnd mal traurig, flüsternd, spannend, lustig, albern, wütend, stolz, anklagend, verteidigend, kühl und distanziert, einschläfernd oder hinterlistig, nachdenklich. Das geht auch in Form eines Ratespiels, bei dem eine ein Gefühl imitiert und die anderen es zu erraten versuchen.

Verstellte Stimmen

Wie klingt der gleiche Text mit verstellter Stimme? Man kann kleine Spracheigentümlichkeiten (keine typischen Sprachfehler!), wie besonders lange Vokale, verschärfte Konsonantenverbindungen, nachahmen oder nasalisierend oder wie Donald Duck, Pumuckel oder die Schlümpfe sprechen, im Dialekt, als Greis oder Kasperles Großmutter.

Dialog

Reihum liest jede wieder ihren Text vor, aber so, als würde sie damit einen Dialog eröffnen, ihrer Nachbarin eine wichtige Mitteilung machen, eine Frage stellen, ein Gerücht verbreiten oder sie »anmachen«. Die wiederum reagiert mit ihrem Text zunächst auf diesen Impuls und wendet sich mit dem Nachsatz wiederum an ihre linke Nachbarin.

Palaver

Jetzt wird nicht reihum gesprochen, sondern wie bei einem großen Palaver, bei einer Ratsversammlung, einem Kaffeeklatsch, einer hitzigen Debatte oder einem großen Häuptlingstreffen. Die Art der Zusammenkunft wird vorgegeben. Alle schlüpfen in die Rolle von Gesprächsteilnehmern und lesen ihren Satz in der entsprechenden Betonung als Gesprächsbeitrag.

Lesehaltung

Jeder Vorleser nimmt eine besondere Sprecherpose ein: frei, lässig, schüchtern, selbstbewusst, aggressiv, angelehnt oder aufgestützt, mit Lesefinger, weitsichtig oder kurzsichtig, mit großen Gesten, mit starrer Miene, funkelndem Blick oder schüchtern abgesenkten Augenlidern.

Satzmelodie

Versuchen wir verschiedene Satzmelodien. Das kann frei aus dem Bauch heraus geschehen. Am Ende singt jede ihren Satz nach irgendeiner Melodie, die Gruppe wiederholt im Chor, bevor die Nächste ihre »Strophe« anstimmt.

2.3 Erzählen lernen

Intention: Übungen und Tipps sollen helfen, die rhetorischen Möglichkeiten und Talente zum Erzählen zu entdecken und zu entwickeln.

2.3.1 Der Erzählkreis

Leichten Zugang finden auch ungeübte Teilnehmer zum Erzählen, wenn sie im Erzählkreis sitzen und aus dem Stand einige Gedanken spontan einbringen können. Dazu kann entweder ein Softball oder ein kleines Kuscheltier zugeworfen werden, mit dem das Wort erteilt wird. Diese Methode ist gleichzeitig Ausgangsbasis für viele weitere Erzählspiele im Kreis.

2.3.2 Und da passierte Folgendes …

Zur Vorübung beginnt die Spielleiterin eine fantasievolle Geschichte: »Es war einmal ein …« Wenn die Erzähllandschaft ausgemalt und eine Hauptdarstellerin charakterisiert wurde, wirft sie den Softball einer beliebigen Mitspielerin mit der Überleitung zu: »Und da passierte Folgendes:« Die Fängerin greift das Stichwort auf und fantasiert die Geschichte um einen spannenden Gedanken weiter, um dann den Ball weiterzugeben an die nächste Erzählerin im Kreis. Jede versucht natürlich unter Verwendung der bisherigen Vorgaben, den Spannungsbogen nicht abreißen zu lassen, sondern auf einen Siedepunkt hin zu verdichten. Wer findet dann einen schönen Schluss?

2.3.3 Geschichten ausdenken

Wenn die Erzählfreude geweckt ist, kann man eine zweite Geschichte beginnen und zum Weiterspinnen anregen oder auch selbst zu Ende erzählen. Hier gilt natürlich – wie bei allen Spielideen – die Faustregel: Wenn es am schönsten ist, soll man aufhören, damit niemals eine Spielidee langweilig wird. Jüngeren hilft es beim Erzählen, wenn ein Requisitenkoffer in die Mitte gestellt wird mit anregenden Gegenständen, Symbolen, Puppen oder originellen Bildern, oder es werden Papierstreifen mit spannenden Überschriften oder Begriffen im Innenkreis ausgelegt, die in einer Erzählimprovisation vorkommen sollen.

2.3.4 Der Spannungsbogen

Neben der ersten Ermutigung zum freien Erzählen wird ein Gespür für den Spannungsbogen wichtig. Die meisten bringen ein gutes Gefühl für Dramaturgie mit, finden beim Erzählen den Höhepunkt, eine Pointe und einen versöhnlichen Schluss. Wo das noch nicht gelingt, kann der Spielleiter eine Vorgabe machen, indem er zum Beispiel eine Spannungskurve vorher mit Hilfe eines Bandes im Innenkreis vorstellt und während der Erzählung damit synchron anzeigt, ob und wo die Spannung steigt, noch steigerungsfähig erscheint, wann spätestens eine Pointe erwartet wird und wann ein Schluss gefunden werden darf. Hilfreich ist es, zuvor den Spannungsaufbau einer Erzählung mit Hilfe des Bildes einer Bergwanderung zu vermitteln und eine Skizze dazu anzulegen:

a) **Vorlauf** als Sammelpunkt vor einer Bergtour: Wo geht's hin?
Hier werden die Zuhörer in die Erzähllandschaft geführt, Personen vorgestellt und der situative Kontext anschaulich erläutert.

b) **Einstieg** in den Berg als Aufbruch zu neuen Taten: Jetzt geht es los!
Die Ohren werden gespitzt, weil sich da plötzlich in der Erzähllandschaft etwas tut und anbahnt.

c) **Aufstieg:** Mit jedem Schritt wird es abenteuerlicher: Ob das gut geht?
Jetzt treten plötzlich Widerstände auf, stellt sich etwas in den Weg, es wird dramatisch, tragisch oder lustig, romantisch oder abenteuerlich.

d) **Gipfelpunkt:** Mit letzter Kraft zum Ziel: Noch einmal gut gegangen?
Die Lage spitzt sich zu, es steht auf Messers Schneide, der Zenit ist erreicht. Die Anspannung entlädt sich – gibt es ein Happy End, eine bittere Erkenntnis oder ein Hoffnungslicht am Horizont?

e) **Rückweg:** Erleichtert oder tief betroffen geht es zurück: Das war's!
Bewegt von den Erfahrungen und Erlebnissen geht der Abstieg zügig und gibt allen Raum zum Nachdenken.

f) **Blick zurück** oder ein **Ausblick** nach vorn: So kann es weitergehen!
Nie wieder so! Alles wird gut! Das Publikum erhält Gelegenheit zum Rückzug aus der Geschichte und zur Bewertung des Gehörten im Blick auf die eigene Betroffenheit.

2.3.5 Requisiten und andere Hilfsmittel

Welche Requisiten sind geeignet, den Erzählvortrag interessanter zu gestalten? Brauche ich Erzählhilfen wie Bilder oder andere Anschauungsmittel? Erzähle ich alleine oder im Zwiegespräch mit einer Handpuppe? Welche Attribute charakterisieren die Akteure? Welche Stimmlage oder Sprechart dichte ich ihnen an? Haben sie besondere Macken, Schrullen oder Eigenheiten?

2.3.6 Spickzettel

Ich mache mir von allem Notizen auf einem kleinen Spickzettel oder einer Zettelfolge. Ansonsten spreche ich frei in den Raum.

2.3.7 Die optimale Form finden

Es erleichtert das Erzählen und Zuhören, wenn eine eindeutige, klare äußere Erzählform durchgehalten wird: Wo und in welchem Rahmen wird erzählt? Erzähle ich in Form eines Tagebuchs, Briefes, Hörspiels oder Berichts? Will ich aktualisieren oder dicht am Original bleiben? Wo sitze oder stehe ich? Wie sieht die Zielgruppe aus? Was erwartet sie? Was verkraftet sie?

2.3.8 Erzählzeit

Die Erzählzeit sollte geklärt sein und nicht beliebig gewechselt werden. Die Gegenwart als Erzählzeit wirkt aktueller als das Perfekt, wörtliche Rede lebendiger als indirekte Rede.

2.3.9 Tipps

Wirklich schwere Fehler lassen sich vermeiden: Zu leises, schnelles oder undeutliches Sprechen (Taube-Ohren-Effekt), erklären statt echt zu erzählen (wie beim schlecht erzählten Witz), fehlender innerer Bezug zur Geschichte (kein Pflichtvortrag), das Ziel gleich am Anfang verraten (Pointe verstolpern), moralisieren oder belehren (Die Moral von der Geschicht'!), in Endlossätzen zerreden (die endlose Geschichte), sich und die Geschichte nicht ernst nehmen (Hört mal eben kurz zu!), den roten Faden verlieren (Wo war ich stehen geblieben?), die Zuhörbereitschaft überstrapazieren (Noch'n Gedicht?).

2.3.10 Erlebnisperspektive/Erzählperspektive

Wessen Perspektive stellt die Geschichte dar? Eine neutrale Beobachterin als Augenzeugin oder eine Betroffene vor Ort? Erzählt sie selbst in der Ich-Form oder wer ist die Erzählerin? Auf wessen Seite steht sie? Verfolgt sie eine bestimmte Erzählabsicht? Wie dicht oder distanziert steht sie der Sache gegenüber? Gott oder Jesus selbst sollten nicht als »Erlebnispersonen« gewählt werden. Auch stört es den Erzählvortrag, wenn die Erlebnis- oder Erzählperspektive während der Geschichte gewechselt wird.

2.3.11 Authentisch bleiben

Manche Vorstellungen und Eindrücke aus der Einfühlungsphase vorher kommen besser nur in einem Nebensatz, einem Beiwort, in der Tonlage, die innere Gefühlsstimmung in minimaler Gestik und Mimik zur Sprache, weniger durch üppige Wortmalerei und Überzeichnungen. Wichtig ist, dass der Erzähler selbst aus der eigenen Gefühlslandschaft und Betroffenheit erzählt, um authentisch zu wirken. Eine aufgesetzte Handlung wirkt leicht künstlich überkonstruiert.

2.3.12 Rahmengeschichte erfinden

Vor dem Erzählen kann eine Rahmengeschichte in die Erzählwelt einführen. Zum Beispiel wird die historische Landschaft ausgemalt oder die allgemeine Lage »in jenen Tagen« beschrieben, damit die Situation damals deutlich wird. Es werden Erwartungen geweckt und wichtige Informationen zum Verständnishintergrund eingebunden: Geschlechterrollen damals, politische Situation, Bedeutung von Namen. Der Vorteil dabei ist, dass der Erzähltext dann möglichst nah am Bibeltext bleiben kann.

2.3.13 Erzählperspektive

Welchen Einblick hat der Erzähler? Wo steht er und mit welcher Perspektive schaut er? Ein biblischer Text muss nicht aus der gewohnten Perspektive des Evangelisten erzählt werden. Welche Position bietet sich an: der neutrale Beobachterstandpunkt, der Blick durchs Schlüsselloch, aus der Sicht eines Vertrauten oder Gegners, eines Notleidenden damals oder engagierten Christen heute? Die Zachäus-Geschichte (Lk 19,1–10) etwa hört sich aus der Vogelperspektive vom Baum herab überraschend anders an.

Kopiervorlage zu 2.3.13: Erzählperspektive

2.4 Biblische Geschichten erzählen

Intention: Gemeinsam wird die Erzählkompetenz Schritt für Schritt verbessert.

2.4.1 Geschichte laut lesen

Auch wenn man glaubt, eine Bibelgeschichte gut zu kennen, sollte man sie in der Vorbereitung mehrfach allein oder auch in der Gruppe eventuell satzweise abwechselnd laut vorlesen. Dabei prägen sich die Formulierungen so ein, dass sie beim Erzählen ein sicheres Vokabular bilden, auf das zurückgegriffen werden kann, und die Geschichte dicht am Quellentext entlang vorgetragen werden kann.

2.4.2 In die Geschichte schlüpfen: Gedankenreise

Eine Phantasiereise in die Welt der Bibel kann helfen, sich in die Landschaft, Personen und Handlung besser einzufühlen:
Ich schließe die Augen und schlüpfe in die biblische Geschichte hinein, bin Augenzeugin. Wo finde ich meinen Platz, von dem aus ich die Szenerie beobachte? Ich schaue aus unterschiedlichen Perspektiven auf die Erzähllandschaft, verweile an wichtigen Erzählorten und schaue mich dort gründlich um. Mit der Kopfkamera mache ich Momentaufnahmen, höre mich um und schnuppere, schmecke und fühle, spüre Wind und Wetter, sammle Eindrücke, Farben und Formen wie die Maus Frederick. Ich male mir Situationen detailliert aus: An welchem Ast des Baumes kann ich mich hochziehen? Wie bewege ich mich über den schmalen Steg? Welche Gesichter schauen mich an? Wie bewegen sich die Personen in der Landschaft? Wo ist der Höhepunkt, auf den alles zusteuert?
Nach der Reise kann ich den anderen von meinen Erlebnissen in der Geschichte erzählen oder dazu ein Bild malen.

2.4.3 Die Geschichte verinnerlichen

Jeder muss seine Einstellung zur Geschichte finden. Wo betrifft sie mich, bringt sie mich ins Grübeln? Wo sind meine Sympathien für die Personen spürbar? Wo rühren sie mich an, widersprechen sie mir oder erwecken sie mein Mitleid? Wo kann ich mit ihnen gehen? Kann ich mich selbst entdecken und wiederfinden? In welche Grundstimmung ist die Geschichte gebettet, dass ich sie lieb gewinne und sie mir zu eigen mache? Wenn sie mir zu Herzen geht, wird sie auch offene Herzen beim Zuhörer finden.

2.4.4 Symbol als Aufhänger

Ein symbolischer Gegenstand wird in die Mitte gelegt. Dazu erfinden die Teilnehmerinnen im Erzählkreis in gegenseitiger Animation eine Geschichte, die das Symbol ausmalt und mit einer, nicht unbedingt biblischen, Situation verbindet. Zum Beispiel:
Eine Schale mit Wasser → eigenes Wassererlebnis ***oder*** Taufe Jesu.
Ein Hirtenstab → eigene Weggeschichte ***oder*** Hirtenszene der Weihnacht.
Ein Stein → als mir ein Stein vom Herzen fiel ***oder*** »Der werfe den ersten Stein!«

2.4.5 Erzähllandschaft vorgeben

Im Erzählkreis wird eine für die Bibelwelt typische Landschaft mit Worten ausgemalt. Ein Dia oder Bild einer passenden Landschaft kann als Anregung verwendet werden. Mögliche Landschaften und Orte sind die Wüste, der Berg, der Tempel, der See, der Jordan, ein Brunnen oder eine Höhle. Wenn sie allen anschaulich vor Augen steht, wird der Erzählball in den Kreis gegeben. Wer ihn hat, darf eine Geschichte beginnen, die in dieser Landschaft spielt. Zunächst wird die Szenerie in allen Einzelheiten beschrieben, dann werden Personen erfunden, eine Handlung ersonnen und ausgesponnen.

2.4.6 Bodenbild

Welche Symbole oder Gestaltungsmittel können den Erzählvortrag bereichern? Beim Erzählen wird eine symbolische Landschaft mit Tüchern oder Legematerial gestaltet, in der die Geschichte spielt. Sie kann verändert und je nach Erzählverlauf umstrukturiert werden.

2.4.7 Typisch biblische Eröffnungsszenen

Der Spielleiter beginnt mit einer Erzähleröffnung, wie sie ähnlich in der Bibel anzutreffen ist. Die Teilnehmer denken sich daraufhin eine Geschichte aus, die in der Bibel stehen könnte. Dann kreist der Erzählstab.

Kopiervorlage zu 2.4.7: Impulskarten

A Lange schon hat sie am Brunnen ausgeharrt und gewartet. Jesus würde hier vorbeikommen, hat sie die Männer des Dorfes rufen hören. Doch er ließ auf sich warten. Da sieht sie eine Gruppe von Männern auf sich zukommen, direkt zu dem Brunnen hier. Schnell springt sie auf. Da steht er schon vor ihr. Sie gibt sich einen Ruck und überwindet alle Scheu. Sie spricht ihn einfach an …

B Als Jesus in die Stadt kam, sah er einen Mann auf der Bank sitzen, der ihn fragend ansah. Jesus ging auf ihn zu und fragte ihn: Du sitzt so traurig hier allein auf der Bank. Wenn du willst, kannst du mit mir gehen. Der junge Mann war einen Moment sprachlos, dass Jesus ausgerechnet ihn ansprach. Dann sagte er ganz überrascht zu Jesus: …

C Jesus ging mit seinen Freunden zu einem ungestörten Ort. Dort wurde er still und sagte: Ihr habt jetzt schon so viel mit mir erlebt, seid schon lange mit mir unterwegs. Für wen haltet ihr mich eigentlich? …

D Ich bin Jesus begegnet, rief er. Er hat sich einen Augenblick Zeit für mich genommen und mich sogar heute Abend zu sich zum Essen eingeladen! Ich mit Jesus an einem Tisch! Ich kann es nicht glauben! Was wird der Abend wohl bringen?

E Ein Bote klopft und überreicht einen Brief. Gespannt nimmt er die Schriftrolle, öffnet sie und liest, was dort geschrieben steht: Lieber Theophilus. Ich habe lange nachgedacht und alles zusammengetragen, was ich noch in Erfahrung bringen konnte von Jesus und seinen Freunden damals. Hier, in dieser Schriftrolle, habe ich alles für dich aufgeschrieben: …

F Zwei Jünger waren auf dem Weg nach Emmaus. Unterwegs erinnerten sie sich an Jesus und erzählten sich, was sie alles mit ihm erlebt hatten. Einer von ihnen, Kleopas mit Namen, sagte: …

G Alle waren sie davongelaufen, als Jesus am Kreuz starb. Keiner hatte zu ihm gehalten. Sie verstanden nicht und wollten nicht wahrhaben, dass alles aus sein sollte, was sie mit ihm erlebt hatten, was er verkündet hatte. Die vielen Zeichen vom anbrechenden Reich Gottes hatten sie doch selbst gesehen – sollten sie sich so in ihm getäuscht haben? Jetzt saßen sie wieder zusammen, ängstlich und ohne Hoffnung. Wie sollte es weitergehen? …

H Als die Israeliten auf der Flucht aus der Sklaverei von dem ägyptischen Heer verfolgt wurden, standen sie am Rande des Schilfmeeres. Nichts ging mehr. Da empörten sie sich gegen Mose, weil er sie in die Sackgasse geführt hatte. Moses betete inständig zu Gott. Doch Gott sprach zu Mose: Was schreist du zu mir? Sag deinem Volk, dass sie vorwärts ziehen sollen. …

I Eine alte Frau war mittellos geworden, weil ihr Mann sie im Stich gelassen hatte und der Richter in der Verhandlung ihrem Mann auch noch in allem Recht gegeben hatte. Wie sollte sie sich einen guten Anwalt leisten? Verzweifelt in ihrer Not suchte sie das Haus des Richters auf, um ihr Recht zurückzufordern. Sie stand an der Haustür. Im Haus war alles dunkel …

K Aufgeregt kam der kleine Jonathan nach Hause gelaufen. Mama, Papa! Was meint ihr, wen ich getroffen habe? Er war es, Jesus, der große Wanderprediger war hier und hat vom Reich Gottes erzählt. So toll, das könnt ihr euch gar nicht vorstellen! …

2.4.8 Substituieren

Die Namen oder zentrale Begriffe einer bekannten biblischen Geschichte werden substituiert, d.h. durch andere Namen oder Parallelbegriffe ersetzt, z.B. Ortsnamen (Hamburg St. Pauli statt Hafenbezirk in Korinth), Rollenträger (Präsidentin statt König) oder auch Fortbewegungsmittel (Taxi oder Lastwagen statt Esel oder Kamel), um sie zu verfremden oder zu aktualisieren.

2.4.9 Aktualisieren

Die biblische Geschichte wird zunächst auf die Personen und ihre Beziehungen und den Erzählkern reduziert: Das Gleichnis vom reichen Kornbauern z.B. erzählt von einem wohlhabenden Mann, der, statt sich über den Arbeitserfolg zu freuen und mit anderen großzügig zu teilen, nur daran denkt, seinen Wohlstand noch weiter zu mehren. Dann werden die Personen und die Werte ins Heute übersetzt: Ein reicher Aktionär investiert seinen Gewinn gleich wieder in noch größere Geschäfte, statt dankbar andere an seinem Glück teilhaben zu lassen.

2.4.10 Einen eigenen Schluss finden

Eine biblische Geschichte wird nur bis zur Problemstellung erzählt. Die Zuhörerinnen sollen je einen eigenen Schluss finden. Die alternativen Lösungen werden am Ende mit dem Original verglichen. Dazu eignen sich besonders solche Geschichten, die überschaubar kurz, aber problemhaltig sind: Abraham löst seinen Sohn Isaak bei Gott aus, Jona vor der Entscheidung, sich zu opfern und über Bord zu springen, Gleichnis vom verlorenen Schaf oder das Urteil des Salomon.

2.4.11 Frei weitererzählen

Möglich ist es auch, eine bekannte Bibelgeschichte über das eigentliche Ende hinaus frei weiter zu erzählen: Was wurde aus Simon aus Cyrene, der Jesus das Kreuz tragen helfen musste? Wie ging das Leben von Zachäus am andern Tag weiter? Was hat die Begegnung mit Jesus im Leben des reichen jungen Mannes, der nach dem Himmel fragte, verändert? Dabei können auch die Erzähllandschaft, das historische Umfeld oder die Zeitverhältnisse verfremdet werden, solange mit Fantasie neue Sichtweisen eröffnet und Perspektiven gewendet werden.

2.4.12 Bildvorgabe zur Belebung einer Bibelgeschichte

Bilder helfen, eine Erzählung zu verlebendigen: Wir gehen erzählend wie ein Reporter im Bild spazieren und fantasieren dazu eine Geschichte, die hier spielen könnte. Hier ist die Geschichte Josefs, dessen Brüder auf den Kornmarkt gehen, um Korn aus den Vorräten des Pharaos gegen die Hungersnot zu kaufen. Danach hören wir die Geschichte aus der Bibel.

2.5 Personen vorstellen

Intention: In kleinen Übungen sollen Möglichkeiten entdeckt und gefördert werden, um mit Hilfe von Personencharakterisierungen die eigene Erzählfantasie zu beleben und zu bereichern.

2.5.1 Darf ich mich vorstellen?

Mit dieser Frage beginnen die Teilnehmer eine Erzählrunde, bei der sich einer nach dem anderen selbst mit Namen vorstellt und einige Angaben zur Person anfügt. In einer zweiten Runde stellt man sich so als imaginierte Person aus der Bibel vor.

2.5.2 Comic-Helden entwerfen

Bestimmt traut sich jemand, eine kleine Fantasiefigur zu skizzieren. Dann suchen wir einen klangvollen Namen für sie, z. B. »Fanta-du«. Jetzt beginnen wir eine Assoziationskette. Jede erzählt, was sie angeblich von »Fanta-du« weiß: Wo es wohnt, wie es sich kleidet, was es gerne isst oder trinkt, welche Marotten oder positiven Eigenschaften ihm nachgesagt werden und welche Charaktermerkmale es auszeichnen oder was es schon alles erlebt, ausgefressen oder erlitten hat. Sicher hat »Fanta-du« Freundinnen oder Tiere, die es begleiten, und Feinde, gegen die es kämpfen muss. Hat es auch eine Familie? War es überhaupt in der Schule? Lebt es noch? Wie alt ist es geworden? Besondere Fähigkeiten, auf die man unbedingt achten muss, wenn man ihm begegnet, dürfen ebenso wenig fehlen wie die Fortbewegungsmittel, derer es sich bedient. Ist ihm sogar schon einmal eine aus diesem Kreis persönlich begegnet und kann exklusiv berichten, ein Geheimnis vielleicht, das es nur ihr anvertraut hat? Aus einem ersten Steckbrief wird so allmählich eine ganze Biografie – und sicher bald eine Geschichte, die erzählt oder aufgeschrieben werden will.

2.5.3 Titelhelden erfinden

Wir erfinden Titelheldinnen oder -helden. Das beginnt wieder mit Fantasienamen, die wir diesmal aus dem Telefonbuch oder durch Zuruf festlegen. Reihum legt jede ein kleines Mosaiksteinchen zur Person aus ihrer Fantasie dazu, so dass am Ende allen zu jedem Namen eine Heldin oder ein Held vor Augen steht, geboren aus den erfundenen Personenbeschreibungen.

2.5.4 Biblische Randfiguren beschreiben

Nebenfiguren wie der Hauptmann unter dem Kreuz, Menschen bei der Brotvermehrung oder die Frauen am Rand des Kreuzweges bieten der Fantasie viel Raum. Was wissen wir von ihnen? Wie stellen wir sie uns vor?
Wir sammeln zunächst Namen von Randfiguren in der Bibel: Judas Iskariot, Martha, ein Hoherpriester. Wir wählen dann eine Gestalt und geben ihr in einer Assoziationskette ein Gesicht, einen Körper, Kleidung, einen Charakter und am Ende eine eigene Stimme. Wer traut es sich zu, die Geschichte dazu zu erzählen? Sonst lesen wir sie in der Bibel nach.

2.5.5 Sprechende Namen

Oft sagt schon der Name etwas über den Charakter einer Person in der Bibel. Daher lohnt es sich, ihn nachzuschlagen, z.B. Noah = »Ruhebringer«; Jakob = »Fersenhalter«, heißt später Israel = »der mit Gott ringt«; Amos = »getragen«; Hesekiel = »Gott wird stärken«; Samuel = »Ich bin erhört von Gott«; David = »Geliebter«; Aaron wie Augustus = »Erhabener«; Rut = »Erquickung«; Noomi = »die Liebliche«; Mara = »die Bittere«; Machlon und Kiljon = »Schwächlich« und »Gebrechlich«; Lazarus = »Gott ist Helfer«.

2.5.6 Persönlichkeiten der Bibel vorstellen

Eine biblische Gestalt wird vorgegeben, oder jeder sucht sich eine aus (eventuell mit Hilfe von Namenskarten losen), zieht sich in einen stillen Winkel zurück, liest noch einmal nach, was über diese Person tatsächlich in der Bibel steht. Zusammen mit eigenen Vorstellungen über Aussehen und Persönlichkeit entsteht allmählich ein Profil dieser Person. Möglichst genau werden jetzt noch Details nachgefragt: Welche Haltung oder Stimme dichte ich der Bibelgestalt an? Dann setzen sich je zwei gegenüber. Einer beginnt und beschreibt, wie er sich seine Bibelpersönlichkeit in der Fantasie ausmalt, möglichst ohne gleich ihren Namen zu nennen. Wer errät sie aufgrund der Beschreibung?

2.5.7 Biblische Figuren in der Kunst

Neben dem eigenen Bild, das man sich von einer biblischen Person macht, kann auch ein Kunstportrait Anschauungshilfe geben, wohl wissend, dass die größten Künstler kein fotografisches Abbild schufen, sondern so malten, wie sie sich die Person innerlich vorstellten aufgrund der überlieferten Geschichten der Bibel. Und doch ist der Betrachter schnell überzeugt, dass Bartimäus (vgl. Mk 10,46–52) so aussah, wie der Künstler sich ihn ausmalte.

2.5.8 Figuren aus der Bibel unter sich

Wenn alle ihre biblischen Figuren vorgestellt haben, können sie untereinander ins Gespräch kommen und sich an damals erinnern: »Weißt du noch?« Möglich wäre dies in einem Erzählkreis wie beim Familientreffen nach langer Zeit, in kleinen Murmelgruppen oder beim freien Umhergehen im Raum. Dort, wo sich alte Bekannte aus der Bibel begegnen, stellen sie sich gegenseitig vor und haben sicher viel zu erzählen: von damals, der Zeit danach oder über das, was heute in der Tageszeitung steht. Vielleicht geben sie ein Interview, werden in ein aktuelles Thema verwickelt und wagen einen Zeitsprung ins Heute: auf der Vollversammlung der UNO, zu Gast im Vatikan, beim Weltjugendtag oder aktuell im eigenen Kreis.

2.5.9 Wir mischen uns unter die Jüngerschaft Jesu

Visuelle Anregung dazu bietet ein Bild. Wenn wir uns das Bild gegenseitig gut beschreiben, uns selbst hineinbegeben und vielleicht einige Handlungsträger nachgestellt haben, mischen wir uns in Gedanken dazwischen und hören Jesus zu, kommen untereinander ins Gespräch, träumen, hadern oder solidarisieren uns mit ihm. Eine Reporterin geht mit einem Mikro zu den Menschen im Bild und befragt sie. Wer leiht der Person auf dem Bild ihre Stimme für eine Antwort? So verlebendigt sich die Szenerie und bietet weiteren Erzählstoff.

Bildidee zu 2.5.9: Die Bergpredigt Jesu (Lk 6,20–49)

2.6 Jesus liest aus der Bibel vor

Intention: In dieser Bibelgeschichte kommt Jesus im Gottesdienst der Synagoge selbst zu Wort und liest aus dem Alten Testament. Der Text dient als Beispiel für eine Erzählimprovisation in mehreren Schritten.

2.6.1 Der Text (Lk 4,14–22)

Der Text bietet sich an, weil Jesus selbst hier als Vortragender auftritt. Der Ort Nazaret wird benannt, eine Zeit- und Raumvorstellung ermöglicht: Jesus geht am Sabbat, dem jüdischen Feiertag, in die Synagoge. Das Ritual der Lesung wird ebenso beschrieben wie die Erwartungen und Reaktionen der Zuhörerschaft: Jesus steht auf, um aus der Schrift vorzulesen, wie es in der jüdischen Synagoge bis heute üblich ist. Man reicht ihm die Schriftrolle des Propheten Jesaja. Jesus liest die entscheidende Passage, schließt das Buch und gibt es dem Synagogendiener. Die Augen der Zuhörer sind auf ihn gerichtet, denn sie erwarten jetzt nach der Lesung die Schriftauslegung. Die fällt sehr kurz aus: »Heute hat sich das Schriftwort, das ihr eben gehört habt, erfüllt.« Das findet Beifall und Staunen: Ist das nicht der Sohn Josefs?

2.6.2 Raum und Zeit imaginieren

Wann und wo spielt diese Bibelperikope? Wir assoziieren frei, wie man sich Nazaret zur Zeit Jesu vorstellen könnte, wie eine Synagoge von außen und von innen ausgesehen haben mag, wer die Gemeindemitglieder waren, wie sie sich kleideten und wie sie sich im Raum verhielten. Jede Teilnehmerin darf Fantasien entwickeln, einige werden vielleicht genaues Wissen darüber einfließen lassen, von der Thorarolle, dem siebenarmigen Leuchter vielleicht und der jüdischen Kleidung und Geschlechtertrennung in der Synagoge. Aber auf historische Genauigkeit kommt es eigentlich nicht an, denn jede wird sich ihr eigenes, inneres Bild von der Atmosphäre und der Erzählsituation entwerfen und ausmalen. Dabei können sich eigene Erfahrungen mit dem Sonntagsgottesdienst mit der Fantasie vermischen.

2.6.3 Die Szene pantomimisch vergegenwärtigen

Das gilt auch für die Handlungsebene. Jeder darf sein eigenes Jesusbild vor Augen haben. Die erste Spielaufgabe ist dann, die Szenerie zunächst ohne Worte darzustellen: Alle kommen in die Synagoge, begrüßen sich stumm mit Blickkontakt, setzen sich in Stuhlreihen und werden erwartungsvoll still. Sie beobachten mit Kopfdrehung und Mimik, wie der nur imaginierte Jesus kommt, sich dazusetzt, die Lesung vorliest und sich dann zur Predigt begibt. Beim ersten Mal kann der Bibeltext vorgelesen werden, damit der Handlungsablauf geläufig wird. Dann sollte aber die Szenerie mindestens einmal ganz ohne Worte gespielt werden.

2.6.4 Schlüsselfragen ins Gespräch bringen

Jetzt darf sich die Gruppe Zeit lassen, die so nachempfundene Erzählsituation und ihre Wirkung auf die Teilnehmerinnen im Gespräch aufzuarbeiten. Impulssätze, die das Gespräch anleiten und anregen, können auf Plakate geklebt oder an die Wand projiziert werden.

Was geschieht hier in der Geschichte?
Was spricht mich an?
Was geht mir durch den Kopf?
Wo betrifft mich diese Geschichte?
Welche Antwort finde ich auf die Schlussfrage?

2.6.5 Kontext in der Bibel nachschlagen

Bei älteren Teilnehmern kann jetzt die Bibel aufgeschlagen und nachgelesen werden, wie denn die Geschichte weitergeht: Jesus brüskiert offensichtlich Gemeindemitglieder mit seiner Schriftauslegung und wird zum Ärgernis: »Sie sprangen auf und trieben Jesus aus der Stadt hinaus; sie brachten ihn an den Abhang des Berges, auf dem die Stadt erbaut war, und wollten ihn hinabstürzen.« (Lk 4,29)
Die Szene ist deutlich genug, so dass sie nicht unbedingt nachgespielt werden muss, es sei denn, die Gruppe hat großes Interesse daran, den Stimmungsumschwung nachzuempfinden (möglichst ohne Worte beim Spiel).

2.7 Erzählstationen

Intention: Eine biblische Erzählsituation wird an verschiedenen Lesestationen aus unterschiedlichen Perspektiven beleuchtet, um sie flexibler wahrzunehmen. Die Kindheitsgeschichte Jesu soll als Beispiel dienen.

2.7.1 Die Kindheitsgeschichten Jesu (Mt 1–2; Lk 1–2)

Die Kindheitsgeschichten Jesu wurden aus vielen Textquellen zusammengesetzt. Die unterschiedlichen Episoden können an Lesestationen erarbeitet werden: die Verkündigung an Maria (Lk 1,26–38), der Besuch bei Elisabeth (Lk 1,39–56), Herbergssuche und die Krippenszene (Lk 2,1–20), die Sterndeuter (Mt 2,1–12), die Flucht nach Ägypten (Mt 2,13–23). In Kleingruppen an verschiedenen Tischen werden die einzelnen Erzählabschnitte erarbeitet und mit unterschiedlichen Methoden dargestellt, so dass sie am Ende in einer chronologischen Abfolge in Erzählung, Bild oder Spiel vorgestellt werden können. Weitere geeignete Texte sind der Josefs-Erzählzyklus, die Exodus- oder die Apostelgeschichte.

2.7.2 Methodische Variationen

- Reihum die Stationen wechseln, so dass am Ende jeder alle Textpassagen kennt.
- Jeder Tisch wird zur Erzähl- oder Spielgruppe, die ihre Perikope den anderen am Ende vorträgt.
- Eine Person (die älteste) bleibt am Tisch, während die anderen zum nächsten Tisch gehen. Die zurückgebliebene Person erzählt jetzt den Neuen die Geschichte. Die anderen erzählen ihr danach die Geschichte, die sie an ihrem Tisch zuvor gelesen haben.
- Die Erzählstationen werden anhand von Bildern gebildet. Jede Gruppe liest in der Bibel die Geschichte zu ihrem Bild nach und gestaltet um ihr Motiv eine freie Erzählung als Sprechchor, als Erzähl-Stafette oder erzählt die Geschichte mit verteilten Rollen.

Bilder zu 2.7.1: Titelseiten zur Kindheitsgeschichte Jesu

Verkündigung

Heimsuchung

Herbergssuche

Geburt

Anbetung

Flucht

2.8 Erzähllandschaften

Intention: Die Bedeutung des Ortes der Handlung soll deutlich gemacht werden. Dabei ergibt sich auch die Möglichkeit, die biblische Botschaft in den eigenen Kontext zu übertragen.

2.8.1 Landschaft beschreiben (Vorübung)

Jede erinnert und vergegenwärtigt sich eine Landschaft vor dem inneren Auge und beschreibt sie mündlich, schriftlich oder als kleine Handskizze.

2.8.2 Den Ort der Handlung vergegenwärtigen

Jedes Theaterstück, jeder Film, jeder Roman braucht wie das reale Leben einen Schauplatz, einen Ort der Handlung. Das kann eine Landschaft, ein Raum, ein Weg oder ein Fantasieort sein. Dieser Ort ist oft entscheidend für den Aussagegehalt einer Szene. Das Samariter-Gleichnis spielt nicht von ungefähr auf dem Weg von Jerusalem hinab nach Jericho, in einer Steinwüste, die Räubern als Versteck diente. So brauchen die Zuhörer Hinweise durch den Spielleiter über den Ort der Handlung einer biblischen Geschichte, um sich hineinzufühlen und die Atmosphäre dort nachzuempfinden, bevor sie eigene Fantasien entwickeln.

2.8.3 Imaginierte Bibellandschaften

Ein Zugang in eine Erzähllandschaft kann es sein, sich nach einer Bibelerzählung in der Gruppe darüber auszutauschen, welche Landschaftsbilder jeder beim Zuhören vorschwebten und vor dem inneren Auge Gestalt bekamen. Das kann durch gegenseitige Beschreibung, durch Malen oder auch durch den Aufbau eines ähnlichen Bühnenbildes mit angedeuteten Ortsmerkmalen geschehen. In dieser Landschaft kann die Szene nacherzählt, improvisiert oder nachgestellt werden. Es reichen meist schon kleine Requisiten oder Symbole, um den Handlungsort hinreichend zu charakterisieren. Dabei können typische Gegenstände, Dekorationsmaterial und Möbel verwendet werden, oder Teilnehmerinnen treten als lebende Bäume, Steine, Wellen, Sturm auf. Oder die Landschaftselemente werden nur imaginiert.

2.8.4 Orte imaginieren

In der Fantasie können wir jeden Ort der Welt, sogar außerirdische Orte, aufsuchen und dort spazierengehen. Wer eine Geschichte erzählen will, braucht innere Bilder von der Gegend, in der sie spielt. Von Karl May heißt es, er habe sich die Schauplätze seiner Abenteuerromane nur in der Fantasie vorgestellt, ohne jemals selbst dort gewesen zu sein. Mit einer imaginären Kamera in der Hand denken wir uns an einen Ort, schauen uns dort nach allen Seiten um und tragen Eindrücke wie Reiseandenken zurück in unsere eigene Welt. Dann erzählen wir anderen von unseren Eindrücken dort und tauschen uns darüber aus. Am Ende gehen wir zum »schönsten Ort der Welt« und schauen uns dort um.

2.8.5 Fantasiereise

Die Fantasiereise beginnt gleich vor der Haustür. Der Spielleiter beginnt den Weg von hier, indem er die ersten Schritte des Weges beschreibt, der hinter der Tür beginnt bis zur nächsten Ecke. Von dort erzählt der Nächste weiter, nicht nur als Wegbeschreibung, sondern indem jeder in seiner inneren Vorstellung detailliert erzählt, was er unterwegs am Wegesrand sieht, welche Aussicht sich bietet, wenn er sich umschaut, was er riecht und hört, wie das Wetter sich anfühlt, welche Schilder, Pflanzen, Gebäude oder Landschaften ihm vor Augen stehen. Wo die Vorstellung aus der realen Erinnerung abreißt, soll die Fantasie einsetzen. Wohin führt uns der Weg am Ende? Alternativ kann der eigene Schulweg mit geschlossenen Augen abgegangen werden, der Weg von zu Hause zur Kirche oder zu einem bekannten Treffpunkt in der Stadt.

2.8.6 Erzählorte aufsuchen

Man kann auch einen konkreten Ort aufzusuchen, um dort eine Geschichte zu erzählen oder zu improvisieren. Es muss ja nicht gleich eine Reise ins Heilige Land sein. Zum Beispiel hört sich das Sterntalermärchen bei einem Abendspaziergang im Wald anders an als in der Schulklasse, wirkt die Emmaus-Geschichte unterwegs auf einem Feldweg lebensnäher auf die Zuhörerschaft als in der Kirche. Der meditative Erlebniswert der Passionsgeschichte ist weitaus größer, wenn die Gruppe dabei in der Natur von einer Kreuzwegstation zur nächsten geht. Weitere symbolträchtige Erzählorte können eine Höhle, ein Weinberg, ein Brunnen, ein Acker oder ein See sein.

2.8.7 Spielorte überlegen

Wenn das Aufsuchen der konkreten Orte zu aufwändig erscheint, wird schon das gemeinsame Überlegen im Konjunktiv, wo in unserer Umgebung welche Geschichte spielen könnte, einen fruchtbaren Gedankengang auslösen, der neue Sichtweisen auf die Geschichte und ihre Deutung eröffnet. Wo könnte die Geschichte von den Arbeitern im Weinberg heute spielen oder die Begegnung mit dem reichen Jüngling? Die Bergpredigt oder die Geschichte von der verlorenen Drachme?

2.8.8 Beziehungsreiche Erzählorte

Ein Erzählnachmittag etwa im Altenwohnheim oder in einer Kinderklinik gibt dem Vorhaben eine anspruchsvolle Sinnrichtung. Das kann Beziehung stiften und Anlass geben, für oder mit dieser Zielgruppe ein kleines Bibelprojekt zu inszenieren. Daraus können neue Freundschaften erwachsen.

2.8.9 Der sakrale Raum

Manche biblische Geschichte braucht den sakralen Raum, z.B. eine Waldkapelle, einen Meditationsraum oder die eigene Heimatkirche. Ein Fresko oder ein Fensterbild, ein Seitenaltar oder das Kreuz, eine Statue oder ein Relief können vor dem Erzählvortrag gemeinsam betrachtet werden und in die Geschichte hineinführen. Manches Kunstwerk oder Denkmal wird neu entdeckt. Denkbar ist auch, eine Kirche zu besuchen, in der sich dann jeder ein Element, ein Bild oder einen Platz aussucht, zu dem er am Ende eine kleine Geschichte erzählen kann.

2.9 Lieblingsgeschichten der Bibel

Intention: Über das Auswählen einer Lieblingsgeschichte aus der Bibel und die Beschäftigung damit soll ein unmittelbarer, persönlicher Zugang zur frohen Botschaft der Bibel eröffnet werden.

2.9.1 Meine Lieblingsgeschichte in der Bibel finden

Jeder hat wohl seine Lieblingsgeschichte in der Bibel oder mindestens eine, die er gut kennt. Im Stuhlkreis nehmen sich alle eine Bibel und schnuppern darin, bis sie ihre Lieblingsgeschichte gefunden haben – ohne sie zu verraten. Vielmehr liest jede sie noch einmal sehr aufmerksam. In den meisten Fällen wird man dabei das ein oder andere Element neu entdecken, das einem nicht mehr bekannt oder bewusst war.

2.9.2 Meine Lieblingsgeschichte pantomimisch vorstellen (vgl. 5.3)

Wie beim Beruferaten stellt jeder Teilnehmer seine Lieblingsgeschichte den anderen pantomimisch vor. Wer weiß, um welche Bibelgeschichte es geht, meldet sich und nennt die Lösung, wenn er aufgerufen wird. Danach wird die erratene Geschichte vom Erzählstuhl aus allen vorgetragen. Wir fragen nach, warum dies die Lieblingsgeschichte ist und überlegen uns Nachbereitungsmöglichkeiten, bevor der Nächste seine Lieblingsgeschichte zum Raten aufgibt.

2.9.3 Meine Lieblingsgeschichte malen

Die eigene Lieblingsgeschichte wird mit bunten Filzstiften in Schönschrift auf eine Tapetenrolle oder ins Tagebuch geschrieben und farbig verziert oder illustriert. In den Folgetreffen wird jeweils eine dieser Lieblingsgeschichte in den Mittelpunkt gerückt und besprochen.

2.10 Symbolsprache der Bibel

Intention: Die oft recht schwache Sprachkompetenz soll durch die Sprache der Symbole bereichert werden. Der aktive Wortschatz erweitert sich durch die Übungen und bereichert später automatisch die Erzählsprache.

2.10.1 Assoziationskette

Im Kreis werden ein oder mehrere Begriffe vorgegeben, die später in einer Bibelgeschichte Schlüsselsymbole sind. Reihum nennt jede spontan eine Assoziationen, die ihr dazu einfällt, z. B. Feuer: heiß – brennt – Kamin – Kerze – Licht – Energie.

2.10.2 Wortcluster

In die Mitte eines großen Blattes wird ein Symbolbegriff geschrieben oder ein symbolträchtiger Gegenstand gelegt (Wasserschale, Kerze, Kreuz, Ast). Außen herum malen oder schreiben alle Umstehenden von der Mitte aus, was ihnen dazu einfällt, so dass ein großes Cluster entsteht. Anschließend spazieren wir in der Fantasie durch die Bildlandschaft und lassen uns eine Szene oder eine Geschichte dazu einfallen.

2.10.3 Leporello

Auf jedem Gruppentisch liegen ein Leporello (aus Packpapierbögen geschnitten mit bis zu acht Flächen, ggf. Rückseite mit benutzen) und ausreichend Wachsstifte. Die Impulskarten werden nacheinander abgerufen. Dann hat jeder Tisch ca. 3–5 Min. Zeit, Ideen zu dem Impuls in ein Leporello-Feld zu notieren. Wir beginnen im obersten Feld und wandern mit jedem neuen Impuls um ein Feld nach unten, so dass am Ende alle Leporellos nebeneinander gehängt und verglichen werden können. Es ist naheliegend, dazu Symbolbegriffe auszuwählen, die für eine zu erarbeitende Bibelperikope bedeutsam sind. Je nach Gruppenstärke und Alter können auch mehrere Symbole gleichzeitig von verschiedenen Tischen bearbeitet werden. Die Impulskarten geben manchmal einen Halbsatz vor, der mehrfach ergänzt werden kann. Die Aufgabenstellung wird über die acht Stufen immer anspruchsvoller. Je nach Gruppe müssen nicht alle Stufen bearbeitet werden.

Kopiervorlage zu 2.10.3: Impulskarten

Unser Symbol heißt: **1**	**Das Symbol** . . . . **ist für mich wie** **5**
Wie kann das Symbol sein? **2**	**Sammelt Sprichworte oder Redensarten zu eurem Symbol!** **6**
Das mache ich in – an – bei – auf – mit – ohne . . . . *(Symbolname)* **3**	**Schreibt einen Text als** • Brief an … • Dialog mit … • Elfchen • Gedicht • Liedtext • Meditation • Gebet **7**
Wenn ich . . . . *(Symbolname)* **wäre, würde ich** **4**	**Gestaltet ein(e)** • Wortbild • Schaubild • Bild • Standbild • Pantomime • Szene • Klangbild **zu eurem Symbol** **8**

2.10.4 Viele Wege

Am Beispiel des Symbols »Weg« soll eine weitere Möglichkeit zur Erweiterung des Wortschatzes und der symbolischen Sprachkompetenz vorgestellt werden: Wir sammeln alle Einfälle zum Impuls: Welche Wege gibt es?

Der Weg zum Glück	Der Weg ins Verderben
Der Weg ins Nichts	Der Weg zum Nächsten
Der Weg in die Arme der Mutter	Der Rechtsweg
Der Weg ins Paradies	Der Gang über das Wasser
Der Weg zu Gott	Der Weg der Besserung
Der Dienstweg	Der letzte Ausweg
usw.	

2.10.5 Weggeschichten erzählen

Aus der Liste von Assoziationen zum Thema »Weg« wählt jeder einige Sätze aus und schreibt sie für alle gut lesbar auf je einen Papierstreifen. Liegen alle Satzstreifen dann in der Kreismitte, sucht sich jeder einen Streifen als Überschrift für eine kleine Weggeschichte aus, die er spontan im Kreis frei erzählt oder aufschreibt.

2.10.6 Weggeschichten der Bibel

Eine dritte Variante führt wieder zur Bibel: Welche Weg-Assoziation erinnert an eine Bibelgeschichte oder ist sogar biblischen Ursprungs? Welche fallen uns darüber hinaus spontan ein? Wer eine biblische Weggeschichte kennt (z.B. Abraham, Josef, Exodus, Tobit, Jona, Gang übers Wasser, der Kreuzweg, der Weg nach Emmaus), darf sie frei nacherzählen oder in der Bibel suchen und vortragen.

2.10.7 Symbolische Verdichtung

Soll es nicht bei Wortspielen bleiben, dann macht sich die Gruppe selbst auf den Weg und sammelt als Weggemeinschaft Erfahrungen, wie Wege sein können, wie man sich unterwegs erlebt und was es am Wegesrand alles zu entdecken gibt. Wo es nicht möglich ist, unmittelbare Erfahrungen mit einem Symbol zu verwirklichen, kann man die bisher im Leben gesammelten Erfahrungen dazu erinnern und sich in Mal-Aktion, Erzählrunde oder Fantasiereise vergegenwärtigen. Wer kennt eine aufregende Weggeschichte aus der Literatur oder aus Filmen? Gibt es besonders prägende Erinnerungen an einen besonders schweren oder schönen Weg in der eigenen Biografie?

2.11 Nachbereitung von Texten

Intention: Neben der Präsentation von biblischen Erzählungen soll die Fähigkeit gefördert werden, solche Geschichten inhaltlich in der Gruppe nachzubereiten und auszuwerten.

2.11.1 Inhaltssicherung

Zur Inhaltssicherung einer Geschichte erzählen wir uns gegenseitig ihren Verlauf nach (im Erzählkreis, mit Hilfe von Bildern oder Überschriften auf Karten, die den Verlauf in den wichtigsten Stationen strukturieren helfen.)

2.11.2 Nachgestalten

Zur Nachgestalten können Bildüberschriften gesucht werden oder Gemälde zu einzelnen Szenen als Bilderfolge oder Folienbilder gemalt werden. Man kann auch die Erzähllandschaft als Bühnenbild mit verschiedenen Materialien und Figuren rekonstruieren. Püppchen lassen sich leicht aus abgesägten Besenstielen, die am Kopfende abgerundet werden, oder aus Papprollen, beklebt mit Geschenkpapier, Krepp oder Stoffresten, gestalten.

2.11.3 Nacharbeit am Text

Der erzählte Text wird zur näheren Betrachtung vorgelegt. Anmerkungen oder Markierungszeichen (+ – ? !, verschiedenfarbige Unterstreichung) dienen dem besseren Verstehen und schaffen Gesprächsanlässe. Gezielte Fragen an den Text oder zum Verständnis werden gestellt und eigene Randbemerkungen angebracht.

2.11.4 Erschließungshilfen

Neben dem gängigen Arbeitsblatt mit Stützfragen zu einem Text eignen sich auch einfachere Formen: Textpuzzle (Reihenfolge von Sätzen oder Abschnitten einer zerteilten Textkopie suchen), Lückentext (Schlüsselbegriffe ergänzen), Text zu Bildern schreiben/kleben, Bilder den Textabschnitten zuordnen oder zu ausgeschnittenen Textpassagen selbst ein Bild malen.

2.11.5 Impulse zum Nachgespräch

Mit Hilfe der Fragen auf den Impulskärtchen soll das Gespräch zu einem Text strukturiert werden.

Kopiervorlage zu 2.11.5: Impulskärtchen

Was habe ich von dem Text behalten? Was hat mir die Geschichte zu sagen? Was geht mir nach, nachdem ich sie gehört habe und mit anderen darüber nachdenke?
Was ist der Kern der Geschichte? Was geschieht an den äußeren Rändern?
Woher kommt die (biblische) Geschichte? Wer hat sie verfasst und welchen Weg hat sie schon hinter sich, bis sie zu uns vorgedrungen ist?
Welche Wirkung löst der Text in mir aus? Was mache ich mit dem Text?
Wohin führt mich die Geschichte, wie begleitet mich Gottes Wort in die Zukunft? Wo kommt der Inhalt meinen Sehnsüchten und Ansprüchen als Zuspruch entgegen?

2.11.6 Kooperative Texterschließung

Wir lernen in fünf Schritten einen Text gemeinsam in einer Kleingruppe zu erarbeiten. Zur Erinnerung werden diese Schritte mit Fingern symbolisiert, indem man sie auf einen (Gummi-)Handschuh, direkt auf die Hand oder in eine Handsilhouette (ggf. als Folie) schreibt:

Daumen: LESEN (Einzelarbeit)
Lies dir den Text in aller Ruhe durch.

Zeigefinger: NACHDENKEN (Einzelarbeit)
Denk in Ruhe darüber nach, was dir der Text sagt.

Mittelfinger: MITTEILEN (Partnerarbeit)
Wende dich an deinen Nachbarn oder deine Nachbarin. Teilt euch abwechselnd mit, was ihr von dem Text behalten und verstanden habt.

Ringfinger: FRAGEN (Kleingruppenarbeit)
Stellt euch gegenseitig Fragen zum Inhalt und zum Textverständnis und sammelt sie.

Kleiner Finger: ANTWORTEN (Kleingruppenarbeit/Plenum)
Setzt euch zu viert zusammen und versucht, diese Fragen zum Text gemeinsam zu beantworten.

Hand: ANWENDEN (Kleingruppenarbeit/Plenum/Einzelarbeit)
Überlegt zusammen, was ihr mit dem Text im Alltag anfangen könnt. Denkt über eine Möglichkeit nach, mit, aus oder zu dem Text etwas zu gestalten.

Kopiervorlage zu 2.11.7: Texterschließungsideen

Text lesen

Fragen zum Text

Was man mit einem Text machen kann

Lest euch die Geschichte gegenseitig vor.
Unterstreicht wichtige Sätze blau.
Markiert Gedanken mit einem ! oder ?
Schreibt zu jedem Abschnitt eine Überschrift.
Schreibt den wichtigsten Satz auf ein Blatt.

Welche Fragen hast du zur Geschichte?
Wo und wann spielt die Geschichte?
Was gefällt dir besonders daran?
Was ärgert dich daran?
Was sagt dir die Geschichte?

Erzähle die Geschichte mit deinen Worten.
Male die Geschichte in fünf Bildstationen.
Stellt die Geschichte in Standbildern dar.
Skizziert die Beziehung der Personen.
Gestaltet die Erzähllandschaft nach.

Welches Bild möchtest du dazu malen?
Spielt die Geschichte nach!
Gestaltet ein Puppenspiel dazu.
Lässt sich dazu ein Klangspiel gestalten?
Schreibe die Geschichte weiter.

Eigene Gedanken

Nacherzählen

2.11.7 Tischvorlage

Die Vorlage kann als Folie projiziert oder laminiert als Impuls für die Erarbeitung von Texten in eine Gruppe gegeben werden. Zuerst werden die Randaufgaben reihum abgearbeitet, dann stehen weitere Ideen in der Innenfläche zur Auswahl. Wenn die Vorlage auf einen großen Karton geklebt wird, können außen herum Kommentare geschrieben, Erträge angelegt oder aufgeklebt werden.

2.11.8 Fragewürfel

Das Würfelnetz wird kopiert und zu einem Würfel zusammengeklebt. Dann wird er im Kreis oder in der Kleingruppe herumgereicht. Jede würfelt ein Fragewort, um damit eine Frage zum Text zu formulieren, über die alle nachdenken und diskutieren.
Es können natürlich auch ausformulierte Impulsfragen auf die Seiten des Würfels geschrieben werden.

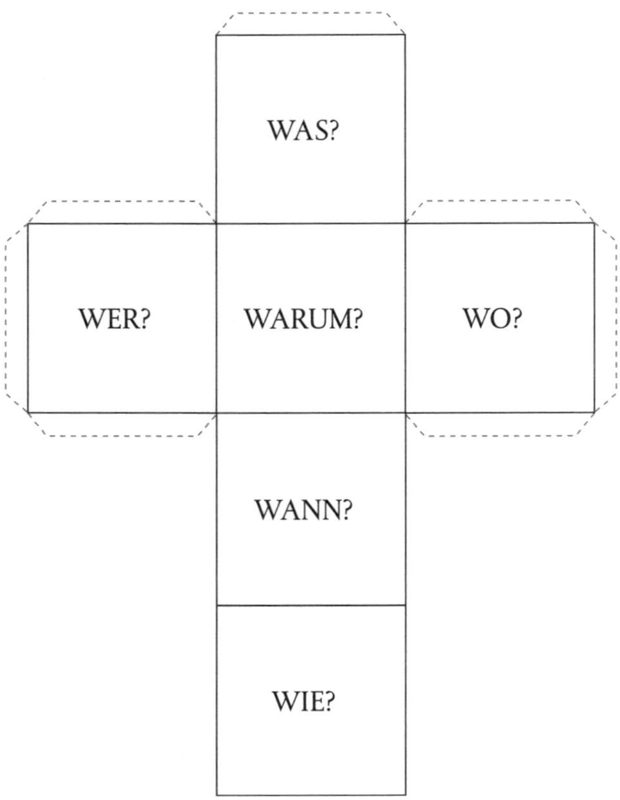

2.11.9 Impulsfragen

Fragen aus der Gruppe oder vom Leiter werden auf große Streifen geschrieben und als Impulse strahlenförmig in die Mitte gelegt.

Welche Wirkung hat der Text auf dich?
Was freut dich daran?
Was ärgert dich daran?
Was wundert dich?
Was tröstet dich?
Was beschäftigt dich?
Was hat der Text mit dir zu tun?
Wo kommt etwas von dir darin vor?
Was würdest du am Text gerne ändern?
Kennst du eine ähnliche Geschichte?
Wem würdest du diese Geschichte gerne erzählen?

2.11.10 Bibelteilen

In verschiedenen Variationen hat sich das »Bibelteilen« als Methode zur Auswertung biblischer Texte verbreitet. Die Tabelle kann als Folie, Tischvorlage oder in Form von Impulskarten das Verfahren transparent machen. Ein Legestein auf der Folie oder eine Büroklammer am Rand zeigen dabei den jeweiligen Schritt an. Man kann auch die einzelnen, vergrößert kopierten und ausgeschnittenen Kärtchen sukzessive aufdecken.

Kopiervorlage zu 2.11.12: Bibelteilen

Ablaufplan: BIBEL TEILEN

1. Öffnung

Eine Meditation wird mit einem frei formulierten Gebet abgeschlossen, bei dem sich die Teilnehmer Gottes Wort innerlich öffnen.

2. Textbegegnung

Der Text wird vorgelesen oder erzählt. Alle schlagen die Bibelstelle dazu auf oder erhalten eine Textkopie.

3. Textvergewisserung

Jeder wählt eine Textpassage und liest sie vor. Alle verweilen nach jedem Satz in Stille. Abschließend wird der Text noch einmal laut gelesen.

4. Stillephase

Hier wird jeder die Gelegenheit gegeben, in aller Ruhe für sich über das Gehörte nachzusinnen und es mit den eigenen Gedanken zu verweben.

5. Mitteilen

Wir vertrauen den anderen im Kreis an, wo uns der Text berührt. Dabei soll es beim aktiven Zuhören bleiben.

6. Konsequenzen

Was löst der Text in mir aus? Jetzt können gemeinsam Möglichkeiten zur Umsetzung der gehörten Botschaft im Alltag überlegt werden.

7. Deutungswissen

Im Gespräch werden offene Fragen geklärt und notwendiges Deutungswissen ausgetauscht, eventuell in Form einer kurzen Homilie.

8. Ausklang

Im Gebetskreis können alle zu einem Symbol (Saatkorn, Teelicht) einen Lobdank, eine Klage oder eine Bitte an Gott richten.
Mit einem gemeinsamen Gebet oder Lied klingt die Runde aus.

3. Tonstudio

Von einfachen Klangexperimenten führt der Weg über das Hörspiel zum Singspiel. Die Faszination geht zum einen von der Musik und ihren Gestaltungsmöglichkeiten aus. Andererseits stellt das nicht greifbare, nur hörbare und Raum füllende Unsichtbare einen Bezug zur Transzendenz her. Musik überschreitet alle Grenzen von Raum und Zeit. Musik kann verzaubern und in den Bann ziehen, zu Herzen und unter die Haut gehen, aufschrecken und anstacheln, aufwühlen und beruhigen. Sie verwöhnt das wache Ohr, wenn Stille unerträglich laut wird.

Ein einziger Ton kann eine bestimmte Atmosphäre entstehen lassen, zum Anfang eines Liedes werden oder alle verstummen lassen. Instrumente fordern das Talent heraus, polarisieren die Aufmerksamkeit des Spielers und öffnen einen unendlich weiten Gestaltungsspielraum für die Sinne und Gefühle.

Zwischen den biblischen Texten und der Musik gibt es viele Verbindungen. Von Anfang an wurde die hebräische Bibel in der Synagoge singend vorgetragen, die Botschaft selbst ist Melodie. Ihre gemeinsame Stärke liegt vor allem in der symbolischen Ausdruckskraft. Finden beide – wie im Klangspiel – zusammen, dann vereinigen sich auch die Botschaften, die sie für uns haben, zu einem polyphonen Gleichklang.

In der Klangwerkstatt werden Klangwelten erschlossen, Möglichkeiten vorgestellt und entwickelt, um die Ausdruckskraft der Musik auch für die biblische Botschaft zu nutzen und die Sprache dramaturgisch mit Geräuschen, Klängen und musikalischen Improvisationen zu Gehör zu bringen. Dabei spielt auch die eigene Stimme eine wichtige Rolle. Hier knüpft das Kapitel an die Erzählerfahrungen an.

Musik lebt aus der Improvisation und der spontanen Interaktion mit allem, das klingt. Also keine Scheu! Wir haben alle Musik im Bauch und Stimmen und Klänge im Kopf. Wir wollen keine Arien singen oder Oratorien komponieren, sondern ein Ausdrucksmittel zum gemeinsamen Erschließen biblischer Botschaft entdecken und weiterentwickeln.

Die folgenden Hinweise können als Anregung für die eigene Klangwerkstatt dienen:

Körperperkussion	*Instrumente*
Mit den flachen Händen klatschen, auf Körperteile in variierten Rhythmen klopfen oder reiben (Brust, Schulter, Kopf, Oberschenkel, Po oder Waden), auf den Fußboden oder eine Holzplatte, auf Armlehne oder Wand	Langtöner Blasintrumente, Orgel, Akkordeon, Streichinstrumente können pfeifen, heulen, jaulen, quietschen, summen, brummen, wimmern, großer Gong, Klangschale, großes Becken
Mit den Fingern schnipsen, trommeln auf verschiedene Untergründe, mit Fingerspitzen oder Kuppen, auf mit Luft gefüllte oder eingezogene Wangen	Spitztöner Schlagzeug, Zupfinstrumente, Xylophon
Mit den Fäusten aneinander schlagen, auf die flache Hand, auf andere Körperteile oder einen klingenden Untergrund schlagen, über Handballen, Finger und Handflächen abrollen	Helle Klänge Glockenspiel, Piccolo-Flöte, Mandoline, Triangel, Schellenkranz, Becken
Mit den Lippen saugende, blubbernde Töne erzeugen, gurgeln oder speien, Geräusche, Kusslaute oder schmatzen, schnalzen, pfeifen, flöten	Dunkle Töne Pauke, Bass, Fagott, Tuba, Tamburin
Mit der Stimme zischeln, husten, keuchen, singen, Laute oder Tierstimmen imitieren oder summen	Flächenklänge Rauschen, Sphärenklänge, Chorus, gehaltene Akkorde, polyphone Klangüberlagerungen, Glissando bei Glockenspiel / Tasten- / Saitenspiel
Mit den Füßen stampfen, steppen, rutschen, schleifen, springen, feste auftreten mit Spitze oder Ferse, aneinander schlagen oder reiben	Melodiestimmen Eigene Stimme, Soloinstrumente
Einfache Instrumente	*Besondere Klangeffekte*
Rasseln Marmeladendeckel o. Ä. mit einem Dosenöffner auf einer Unterlage in der Mitte lochen und auf eine stabile Schnur oder Metallstab fädeln	Lautsprecher / Monsterstimme Sprechen durch den Hals einer Gießkanne, einen Trichter, in einen großen Eimer

Klanghölzer Besenstiele in gleichlange Stücke sägen, an den Enden rund raspeln und aneinander schlagen, reiben, stoßen oder trommeln	Schnarrstimme Mit den Lippen dicht vor einem mit Butterbrotpapier oder Folie umwickelten Kamm sprechen/singen/summen
Trommeln Alte Putz-/Mülleimer in verschiedenen Größen, Mischkübel, Tortenhauben aus Weichplastik, Blech-Kanister, leere Gebäckdosen (ggf. mit Perlen, Erbsen oder Knickern füllen), dicke Papprohre oder Abzweigstück eines Kunststoff-Fallrohrs (Baumarkt/Dachdeckerabteilung) mit zunächst feuchter Elefantenhaut (Künstlerbedarf) oder Fensterleder bespannen	Klangeffekte (Regen, Feuer, Wellen) Goldene oder silbrige Rettungsfolie aus dem Autoverbandskasten oder Plastiktüten/Planen reiben, mit grobem Sand oder kleinen Steinen gefüllter Pappkarton in Kreisbewegung schütteln, »Regenmacher«: mit Reis gefüllte, paarweise zusammengeklebte Joghurtbecher, Kunststoffflaschen oder mit Erbsen gefüllte Blechdosen
Snare drum Mit zwei alten, abgestumpften, ausbalancierten Messern auf ein Küchenbrett trommeln, dabei die Federwirkung der flach aufgeschlagenen Schneideblätter ausnutzen, um mit leichtem Gegendruck einen »Wirbel« zu erzeugen	Sphärenklänge Mit einem angefeuchteten Finger über den Rand eines Weinglases fahren, Flötenspiel mit Hall, lange Plastikrohre, die beim schnellen Wirbeln schwebende Töne erklingen lassen (Spielwarenladen)
Skiffelbrett Altes Waschbrett oder gewellte Metallplatte mit Stäben, Löffeln oder mit Fingerhüten auf den Fingerspitzen bearbeiten	Pfeiftöne Über einen Flaschenhals blasen oder über die Daumen in die zu einem Hohlraum zusammengelegten Hände
Schellenkranz Mehrere kleine Glöckchen vom Weihnachtsmarkt an einen Lederriemen oder ein stabiles Stoffband nähen	Zufallsgeräusche Eine (alte!) Schallplatte mit der Hand auf dem Teller vor und rückwärts drehen
Klanginstrumente Zwischen Nägeln auf einem Brett gespannte Gitarren- oder Geigensaiten, Gummibänder oder Nylonband, unterschiedlich gefüllte Flaschen oder Gläser mit Holzlöffel anschlagen	Klangmaschinen Alte mechanische Geräte (Schreibmaschine, Kurbel, Locher, Relais, Schalter, Laufwerk) vom Sperrmüll auf Klangfarben untersuchen und Abläufe rhythmisieren und kombinieren

3.1 Sprechchor

Intention: Das Sprechen im Chor wird als dramaturgisches Ausdrucksmittel neu entdeckt und die Bandbreite der Spielmöglichkeiten dazu in der Gruppe ausprobiert.

3.1.1 Der Sprechchor

Der Sprechchor durchbricht die Schwelle des reinen Erzählvortrages mit einer Polyphonie der Stimmen und der Tendenz zu rhythmisierender Sprache. Wir kennen diese Art von Sprechchören aus Fußballstadien oder von Demonstrationen. Die Rap-Szene hat den Reiz des rhythmischen Sprechens neuerdings wieder entdeckt. Im sakralen Raum ist es schon immer eine eindringliche und meditative Ausdrucksform: Psalmen oder Wechselgebete werden im Chor gesprochen, bei der Passion übernimmt die Gemeinde Textpassagen, wir kennen das Rosenkranzgebet und die Litanei.

3.1.2 Die Bibel im Chor gesprochen

Ein Text wird satzweise im Sprechchor rezitiert. Einer beginnt dabei laut vorzulesen, die Gruppe spricht den Satz auf die gleiche Weise nach. Der Nächste im Uhrzeigersinn liest den zweiten Satz, der ebenfalls im Sprechchor wiederholt wird usw. Variationen in der Lautstärke, Stimmlage oder im Sprechtempo können je nach Gefühl vom Vorleser vorgegeben und von der Gruppe als Echo übernommen werden. Wie klingt der Sprechchor im Chorraum der Kirche?

3.1.3 Der Ton macht die Musik

In einem zweiten Schritt wird die Variationsbreite bewusst erweitert. Jetzt wird ein Satz in die Runde gegeben, der dann von allen nacheinander jeweils mit einer anderen Betonung und Ausdrucksvariante nachgesprochen wird. Ist der erste Satz durch den Kreis oder die Reihen gewandert, beginnt die Zweite in der Reihe mit ihrem Satz usw. Der Text darf nicht zu lang sein, damit der Reiz nicht verloren geht.

3.1.4 Das Echo

Effektvoll wirkt auch die Echovariante, bei der ein Lektor einen Satz vorspricht, der dann jeweils wie beim Echo von allen anderen zwei- bis dreimal leiser werdend nachgesprochen wird und am Ende verschwebt. Nach einer angenehmen Stillephase wird der zweite Satz vorgegeben usw. Dramatische Textpassagen können auch mit umgekehrtem Echohall aufdringlicher werden, wenn ein in normaler Sprache vorgestellter Satz im Chor mehrfach rhythmisch, jetzt immer lauter werdend, nachgesprochen wird (z. B. Passion: Kreuzige ihn!; Samaritergleichnis: Dann geh, und handle genauso!).

3.1.5 Frage-Antwort

Diese Methode spielt mit der unterschiedlichen Sprachmelodie und Betonung in Aussagesätzen oder Fragesätzen. Aussagesätze können vom Echo in eine Frage verwandelt werden, z. B. in der Schöpfungsgeschichte: Und er sah, dass es gut war! (Aussage) – Echo: Und er sah, dass es gut war? (Frage).
Umgekehrt lassen sich Fragen zu Ausrufen umformen: Ist das nicht der Sohn Josefs? – Echo: Das ist der Sohn Josefs! Wie klingt es, wenn eine Männerstimme vorspricht, eine Frauenstimme antwortet und dann alle im Chor noch einmal Echo geben, als Frage oder Ausruf? Bleiben alle beim Text oder rutschen kleine Füllwörter, andere Begriffe oder Satzumstellungen hinein?

3.1.6 Experimentieren

Wir experimentieren mit Lautstärke, Sprechrhythmus oder Tempo. Welche Textpassagen eignen sich wegen ihrer Syntax oder ihrer besonderen Bedeutung für solche Variationen, Verzögerungen, Wiederholungen oder Betonungen? Allmählich entwickelt sich aus solchen Erfahrungen eine Art Sprechgesang, der dann auch bewusst als Sprechmotette inszeniert werden kann, ggf. mit Perkussions-Instrumenten oder einem Rap-Soundtrack.

3.1.7 Wer nicht wagt

Das Zutrauen in eine Gruppe, gemeinsam in einem kreativen, experimentierenden Prozess zu einem originellen und ausdrucksstarken Ergebnis zu kommen, wird selten enttäuscht. Überraschungsmomente und spontane Einfälle sind dabei meist Ausgangsideen für größere Textdichtungen, z. B. einen Rap:

Wem gehört die Welt?

KV: Wer hat die Welt gestohlen, wem hat man sie geklaut?
Oder hat sie jemand heimlich im Keller selbst gebaut?
Wer hat sie sich gekauft, wer hat denn soviel Geld?
Wer hat sie erstanden, ersteigert unsre Welt?
Sag, wem – x – x – x – x – gehört die Welt?

1. Schwerelos im Kreis, so fliegt sie durch das All.
Vor uralten Zeiten entsprang sie dem Urknall.
Sie dreht sich um die Sonne als blauer Planet,
bis sie irgendwann am jüngsten Tage untergeht.
Wer hat sie konstruiert, berechnet, ausgedacht?
Wer hat sie gestaltet, sich einen Plan gemacht?
Wer hat sie dir geliehen, geschenkt oder geborgt?
Oder hast du sie bei ALDI oder OBI dir besorgt?

KV: Sag, wem gehört die Welt …

2. Gehört sie den Dinos, die zuerst auf ihr gewohnt?
Dem König der Löwen, der auf dem Baume thront?
Dem Königstiger, – der Bienenkönigin,
dem Adler oder Geier, dem Kaiserpinguin?
Gehört sie den Vögeln, den Fischen im Meer?
Den Tieren, den Viren, dem Ameisenbär?
Gehört sie den Affen, dem bunten Papagei?
Benjamin Blümchen oder gar dem weißen Hai?

KV: Sag, wem gehört die Welt …

3. Gehört sie dem Adam oder Eva, seiner Frau?
So steht es in der Bibel, doch wer weiß das so genau?
Gehört sie den Hindus, den Moslems oder Christen?
Den Juden, dem Buddha oder gar den Atheisten?
Gehört sie nicht denen, die zuerst einst hier gewesen?

Eventuell auch außerirdischen Wesen?
Schwarzen, Weißen, Roten, gelben Japanesen?
Wenn es nach der Mehrheit geht, gehört sie den Chinesen.

KV: Sag, wem gehört die Welt …

4. Gehört sie noch den Sioux oder Winnetous Erben?
Indianer und Azteken – mussten dafür sterben.
Auch Australiens Aborigines, wie heute jeder weiß.
Nur die Eskimos am Nordpol schützte lange Zeit das Eis.
Gehört den Afrikanern nicht das große Afrika?
Wer verschleppte denn so viele Schwarze nach Amerika?
Gehört die Welt den Russen oder uns in Europa?
Oder zählt sie zu den Reichen in den USA?

KV: Sag, wem gehört die Welt …

5. Wer setzte zuerst seinen Grenzstein ins Feld:
Und sagte: Von hier an gehört mir jetzt die Welt?
Wer hat es geschafft, wer hat es gewagt,
und hat seinem Nachbarn ein Stück Land abgejagt?
Sag, wer hat das Grundbuch erfunden, in dem steht,
dass ihm ab sofort dieser Teil der Welt gehört?
Wer kann auch nur ein kleines Stück dieser Erde
für immer als sein Eigentum erwerben und vererben?

KV: Sag, wem gehört die Welt …

6. Selbst das bisschen Erde, aus dem wir bestehn,
wird einst zu Asche und Staub vergehn.
Dann gehörst du der Erde mit Haut und Haar,
egal wie reich deine Welt mal war.
Schaff dir keine Schätze auf der Erde an,
wo Rost und Motten sie verzehren kann.
Nur dem wird Gott das Land einst geben,
der auf Gewalt verzichtet hier im Leben.

KV: Wer hat die Welt gestohlen …
Ja ihm – x – x – gehört die Welt!

3.2 Sprechmotette

Intention: Am konkreten Beispiel der Geschichte von Kain und Abel sollen Möglichkeiten der Sprechmotette exemplarisch vorgestellt werden.

3.2.1 Zur Form der Sprechmotette

Merkmal einer Sprechmotette ist die chorische, rhythmisierte Sprechweise eines zuvor dramaturgisch verdichteten Textes. Als Ausdrucksmittel dienen u.a. Crescendo/Decrescendo, das Frage-Antwort-Schema, der Wechsel von Chorus und Solostimme, das Echo und Wiederholungseffekte, Stakkato und Flächenklänge, rhythmische Begleitung und Tempowechsel bis hin zu Kunstpausen und lyrischer Sprachgestalt.

3.2.2 Vorüberlegungen zum biblischen Text (Gen 4,1–16)

Die Geschichte vom ersten Brudermord kann exegetisch sicher nicht in allen Nuancen erarbeitet werden.
Richten wir unser Augenmerk auf die Personen und ihre Beziehungen: Der Neid schleicht sich zwischen die beiden Brüder Kain und Abel, ausgelöst durch das von Gott vermeintlich verschmähte Rauchopfer. Kain zweifelt an Gottes Zuwendung und schiebt seinem Bruder die Schuld zu, statt sein eigenes Verhältnis zu Gott zu überprüfen. Sein Neid steigert sich und treibt ihn zum Äußersten. In blinder Wut ermordet er seinen Bruder, der ihm ahnungslos aufs Feld gefolgt war. Doch der innere Konflikt Kains ist damit nicht überwunden, sondern meldet sich umso heftiger zu Wort in der bohrenden Frage Gottes an Kains Gewissen: Wo ist dein Bruder – was hast du gemacht?
Der folgende Gestaltungsvorschlag versucht, den Neid als das Motiv hinter der Tat zu benennen. Er belastet zwangsläufig Kains Verhältnis nicht nur zu seinem Bruder Abel, sondern auch zu Gott. Um dem Neid jetzt Ausdruck zu verleihen, inszenieren wir die Stimme des Gewissens als Echo der Chorstimme und beziehen so das Publikum in die Erzählung ein. Die Szene eignet sich als dramatisierte Erzählung oder auch im Rahmen einer Inszenierung vor und mit Auditorium.

3.2.3 Kain & Abel: Eine Sprechmotette für Kinder

Erzähler:
Kain und Abel sind Brüder.
Abel ist Hirte. Kain ist Bauer.
Kain ist neidisch auf seinen Bruder:

Kain:	**alle als flüsterndes Echo im Chor:**
Abel kann alles besser als ich	– besser als ich!
Weiß alles besser als ich	– besser als ich!
Macht alles besser als ich	– besser als ich!

Kain:	**alle als fragendes Echo im Chor:**
Mein Bruder ist schlauer als ich	– schlauer als ich?
Stärker als ich	– stärker als ich?
Schneller als ich	– schneller als ich?

Kain:	**alle als zischelndes Echo im Chor:**
Mutter hat ihn lieber als mich	– als mich! – als mich!
Vater hat ihn lieber als mich	– als mich! – als mich!
Alle haben ihn lieber als mich	– als mich! – als mich!
Hat auch Gott ihn lieber als mich?	– als mich! – als mich!

Erzähler:
Als beide Gott ein Rauchopfer bringen, steigt Abels Rauch hoch zum Himmel auf.
Der Rauch von Kains Opferaltar kriecht nur am Boden entlang.
Da wächst sein Neid zu Hass. Er lockt Abel aufs Feld hinaus, wo niemand sie sieht, wo niemand sie hört:

Kain:
Komm mit mir, ich zeig dir was!

Alle lauter werdend als Echo:
Komm mit mir, ich zeig dir was!
Komm mit mir, ich zeig dir was! –
Dir werde ich es zeigen!

Pauke oder Beckenschlag, dann kurze Stille

Erzähler:
Abel folgt seinem Bruder. Plötzlich schlägt Kain blind vor Neid auf seinen Bruder ein, bis der sich nicht mehr rührt. Kain erschrickt. Zu spät. Statt des Neides quält ihn nun die Schuld. Die böse Tat steht ihm auf der Stirn geschrieben. Er hat seinen Bruder umgebracht vor lauter Wut. Das geht ihm sein Leben lang nach. Er hört Gottes Stimme immer lauter in seinem Gewissen pochen:

Einer:
Wo ist dein Bruder? Was hast du gemacht?

Kain:
Was geht mich mein Bruder an?

Alle lauter:
Wo ist dein Bruder? Was hast du gemacht?

Kain:
Ich habe nichts gemacht!

Alle lauter:
Wo ist dein Bruder? Was hast du gemacht?

Kain:
Alle hatten ihn lieber gehabt als mich!

Alle leise:
Wo ist dein Bruder? Was hast du gemacht?

Trommelschläge o. Ä. im Rhythmus der letzten Sprechzeile, an- und abschwellend, am Ende verschwebend, eventuell begleitet vom Publikum mit kleinen Klangstäben, raschelnden Einkaufstüten oder leichten (!) Schlägen mit der flachen Hand auf den eigenen Brustkorb oder mit geballten Fäusten auf die Oberschenkel, Stuhlflächen oder den Fußboden.

Erzähler:
Ob Kain je wieder lachen kann?
Ob er noch Gottes Liebe spürt?

Stille
Noch einmal kann leise in der Ferne verschwebend der Sprechrhythmus aufgenommen werden – einer beginnt, die anderen schließen sich nach und nach an.

3.3 Klang und Rhythmus

Intention: Neben der Sprache und ihren Stilmitteln sollen nun weitere Möglichkeiten der Klangerzeugung und ihrer Wirkung zur Untermalung biblischer Botschaften erkundet werden.

3.3.1 Gespitzte Ohren

Wie verändert sich die Hörwahrnehmung, wenn es mucksmäuschenstill wird im Raum? Welche Grundgeräusche sind zu entdecken? Das Rauschen der Heizungsrohre, das Ticken einer Uhr, ein tropfender Wasserhahn, summende Neonröhren, Vogelstimmen oder der Fernseher von nebenan. Wer kann den Atem hören oder den Herzschlag? Die Grundgeräusche wirken lauter, obwohl nur der Geräuschpegel reduziert ist. Wo es möglich ist, lässt sich das Experiment auch in der Natur wiederholen an einem Bachlauf, auf einer Blumenwiese oder im Wald.

3.3.2 Alles klingt

Alle gehen im Raum umher und produzieren Geräusche und Klänge durch Stampfen oder Schlurfen, Klopfen oder Rascheln. Dabei entwickelt sich ein rhythmisches Grundmuster, auf das sich nach und nach alle einlassen. Im Innenkreis liegen für eine zweite Runde Instrumente, Klangerzeuger oder andere Gegenstände, mit denen man ein Geräusch produzieren kann. Reihum steht eine nach der anderen auf, sucht sich etwas davon aus und probiert es aus. Wenn alle genügend Zeit zum Auskundschaften aller möglichen Klangversionen hatten, stellen sie in einer kleinen Improvisation ihre Entdeckungen auf ihrem Instrument vor. Die Rhythmen gehen harmonisch ineinander über, wenn jede zuerst das Klangmotiv der Vorgängerin so gut wie möglich übernimmt und mit einer eigenen Variation wiedergibt. Das kann zuerst einzeln reihum geschehen, dann additiv, so dass eine einen Rhythmus vorgibt, den dann nach und nach alle übernehmen, bis alle im gleichen Takt spielen.

3.3.3 Rattenfänger

Alle spielen im Raum verteilt auf einem Instrument oder summen unterschiedliche Melodien. Einer ist der Rattenfänger und fängt einen nach dem anderen durch sein Flötenspiel ein. Wer eingefangen wurde, geht dem Rattenfänger nach und übernimmt dabei dessen Melodie und Rhythmus. So bildet sich eine Polonaise, bei der immer mehr Stimmen zu Melodie und Rhythmus finden, die der Rattenfänger an der Spitze vorgibt: mal langsam, mal schnell, mal laut oder leise.

3.3.4 Klänge erraten

Eine geht im Raum umher, während die anderen die Augen geschlossen halten, um sich ganz aufs Hören zu konzentrieren. Unterwegs erzeugt sie irgendwo ein deutlich vernehmbares Geräusch: Sie klopft an die Tür, schlägt mit einem Buch auf die Tischplatte, bringt mit einem Bleistift eine Vase zum Klingen oder fährt mit dem feuchten Finger über den Rand eines Weinglases, um es zum Schwingen zu bringen. Dann kehrt sie in den Kreis zurück und die anderen müssen erraten, wie der Klang entstanden ist, und ihn zum Beweis nachmachen.

3.3.5 Den eigenen Ohren trauen

Alle stehen sich paarweise gegenüber. Jetzt beginnt jeweils der Ältere auf seinem Instrument zu spielen. Sein Gegenüber prägt sich den Klang ein, schließt dann die Augen, folgt dem Klang und lässt sich blind, nur den Ohren trauend, kreuz und quer durch den Raum führen. Nach einer Aussprache werden die Rollen, später auch die Partner gewechselt.

3.3.6 Dialoge

Wir stehen uns zu zweit oder in zwei langen Reihen gegenüber. Im Frage-Antwort-Schema stellt nun die Ältere ohne Worte mit ihrem Instrument eine Frage, die ihr Gegenüber mit ihrem Instrument beantwortet. Dann stellt diese eine Gegenfrage, natürlich nur mit ihrem Klanginstrument, bis alle wenigstens einmal gefragt und geantwortet haben. Oder ein »Häuptling« stellt sich in die Mitte und hält eine Klang-Rede an den Stamm, der die Rede entsprechend kommentiert, dagegen protestiert oder zustimmt. Daraus kann sich ein Klanggespräch im Kreis entwickeln.

3.3.7 Klanggespräche

Alle sitzen im Kreis mit einem Klanginstrument. Es muss kein Orff-Instrumentarium sein, ein Joghurtbecher oder eine Plastiktüte, Holzstäbe oder auch Klänge, die mit dem eigenen Körper produziert werden, reichen dazu aus. Einer beginnt ein Gespräch – aber ohne Worte. Er artikuliert sich nur über Klänge. Mit den Augen adressiert er seine Klangbotschaft an einen Mitspieler im Kreis, der den Impuls aufnimmt und darauf antwortet und dann die Initiative durch Blickkontakt einem anderen zuspielt. Nach einer Weile, wenn das Prinzip klar ist, bewegen sich alle frei im Raum. Immer, wenn sie jemandem begegnen, begrüßen sie sich, führen ein kurzes Gespräch und verabschieden sich wieder – aber ohne Worte, immer nur mit Klängen.

3.3.8 Klangbilder

Im nächsten Schritt spielen wir ein musikalisches Ratespiel – wieder nur mit den Klangkörpern. Jeder denkt sich eine kleine Klangfolge aus und stellt sie den anderen als Rateaufgabe, z. B. ein Ball hüpft die Treppe herunter, Elfmeter-Schießen, Dreisprung, Pferderennen. Es können Gefühle ausgedrückt oder bekannte Lieder gespielt und erraten werden – Fantasie und aufmerksame Ohren sind hier gefragt.

3.3.9 Die Dirigentin

Wenn die Gruppe besonders gut harmoniert, kann es ihr gelingen, ein ganzes Orchester für ein Rockkonzert, ein Musical oder eine Oper zusammenzustellen, das aus Fantasieinstrumenten, Körperperkussion und Klangfarben aus der Stimme oder Klanggeräten besteht. Eine spielt dabei die Dirigentin und ruft durch Handzeichen bestimmte Instrumentalisten ab, zeigt ihnen die Einsätze und Pausen an und bestimmt durch Armbewegungen Tempo, Lautstärke, Rhythmus, Takt und den Schlussakkord.

3.3.10 Biblische Anklänge

In der Bibel gibt es viele musikalische Themen, die von unserem Orchester aufgegriffen werden können: Die Trompeter von Jericho umkreisten sieben Mal die Stadt, der Pharao wird in einer majestätischen Prozession zum Thron geleitet, das

Tempelfest in Jerusalem, Miriam tanzt zur Musik oder auf einem orientalischen Markt. Oder wie klingen Wüste oder Meer?

3.3.11 Klangmaschine

Wir bauen eine große Klangmaschine. Dazu schlägt einer mit einem Klanginstrument, in Körpersprache und Stimme spontan ein Motiv vor, er stampft z. B. mit einem Bein, raschelt in einem Grundrhythmus mit einer Plastiktüte und brummt dazu. Dieses Motiv wiederholt er unentwegt im gleichen Takt. Auf ein Klangzeichen stellt sich dann der nächste Spieler mit einer anderen Improvisation dazu: Er reckt und streckt sich im Takt, pfeift dabei wie eine Lokomotive und klappert vielleicht mit einem Klangstab. Die anderen stellen sich mit je eigenen Motiven dazu, bis sich alle zu einer großen stampfenden, klingenden, stöhnenden, pfeifenden Klangmaschine aufgebaut haben. Auf Kommando löst sich die Maschine schrittweise wieder auf und verstummt.

3.3.12 Ein Bild zum Klingen bringen (Joh 2,1–11)

Ein Bild, wie hier von der Hochzeit zu Kana, kann die Fantasie beflügeln. Nach einer Bildbetrachtung überlegt jede für sich oder in der Gruppe, wie man dieses Bild zum Klingen bringen kann. Daraus entwickelt sich ein Klangbild oder ein Hörspot. Natürlich sind nicht alle Bilder gleich geeignet, in ein Klangbild übertragen zu werden. Dennoch gilt auch hier: Die Fantasie kennt keine Grenzen, und meistens ist es den Versuch wert.

3.4 »Spiel-mit«-Geschichten

Intention: Von der erzählten Geschichte ausgehend werden Klänge gesucht, die mehr und mehr die Worte ersetzen, so dass am Ende nur noch Klänge die Geschichte repräsentieren und erzählen.

3.4.1 Mein Weg zur Schule

Bevor wir auf biblische Motive zurückkommen, versuchen wir uns an einer einfachen Klanggeschichte. In einer Imaginationsübung erinnern wir uns daran, wie wir in der Frühe geweckt wurden, uns auf den Tag einstellten und den Schulweg antraten. In einer Tabelle tragen wir im Anschluss daran die Szenenfolge in Bildern oder Stichworten zusammen und ordnen jeder Sequenz einen Klang zu, den wir gemeinsam überlegen, ausprobieren und dann in die Tabelle skizzieren.
Wenn die Geschichte so mit Klänge untermalt wurde, können wir sie in verschiedenen Variationen erzählen:

- langsam, »mit angezogener Handbremse«
- in Zeitlupe bzw. im Zeitraffertempo
- einmal von hinten nach vorn
- in voller Lautstärke wieder von vorn bis hinten
- im Flüsterton
- ohne Text, nur mit Klängen und Gesten
- nur noch mit Gesten

3.4.2 Erzählplan

Nach diesem Beispiel können die Teilnehmer bald selbst den Erzählplan vervollständigen oder einen eigenen, neuen erstellen. Während des Erstellens beginnt die Gruppe vor jeder neuen Szene immer wieder von vorn und spielt die Abfolge nach Plan gemeinsam durch, ergänzt dann wieder eine Szene, probiert sie kurz aus, um dann alles durchzuspielen. Auf diese Weise prägt sich der Ablauf ein und verselbstständigt sich.

Erzählplan zu 3.4.2: Mein Weg zur Schule

Szene	Klang	Körpersprache
Der Wecker klingelt	Trrrrrrrrrrrrrr Patsch	Erwachen, Wecker abstellen
Mama ruft:	Aufstehn! Höchste Zeit!	Noch einmal unter der Decke verstecken, müde hervorlugen
Ich renne ins Bad	Stampfen Türknarren Wasserrauschen	Trampeln, Handgriff zur Klinke, Hahn aufdrehen
Springe unter die Dusche	Klatsch, klatsch Platsch, platsch Rauschen Uh, brr, iiih Stille Ein letztes Blubb	»Ausziehen«, in die Dusche steigen, einseifen, abspülen, kalte Dusche, Hahn abstellen, abtrocknen
Zähne putzen nicht vergessen!	Sch, sch … Gluck-gluck Grrrr! Schlupp	Zähneputzen, Wasser schlucken, gurgeln, ausspucken
Am Frühstückstisch		
Durchs Treppenhaus		
An der Ampel		
An der Bushaltestelle		
An der Bahnschranke		
Beim Aussteigen		
Am Zebrastreifen		
Die Schulklingel		
Die Lehrerin kommt		
Endlich Pause		

3.5 Klangspiel: Der Seesturm (Lk 8,22–25)

Intention: Die Geschichte vom Seesturm wird als Klangspiel nachgestaltet. Sie hat ein klares, dreigliedriges Erzählschema mit Spannungsbogen. Sich verändernde Geräusche von Wind und Wellen drücken den Erzählverlauf aus.

3.5.1 Texterarbeitung

Wir beginnen mit der Betrachtung des Bildes auf der nächsten Seite. Danach wird der biblische Text dazu gehört und inhaltlich erschlossen. Das Bild kann diesen anschaulich machen, es lässt sich aber auch nachstellen und als Pantomime verlebendigen.

3.5.2 Imagination der klanglichen Erzähllandschaft

Jetzt setzen wir uns zu den Jüngern in das Boot und imaginieren die Erzählsituation wie oben beschrieben. Die Gruppe sitzt dabei möglichst in Bootsform auf einer ausgebreiteten Plastikplane auf dem Boden und hat sich zuvor mit Klangrequisiten ausstaffiert. Bei jüngeren Teilnehmerinnen wird eine Abdeckplane in der Kreismitte ausgebreitet, so dass jede im Sitzkreis einen Zipfel in Händen hält und durch entsprechende Armbewegungen damit Wellen schlagen kann.
Synchron zur Bibelgeschichte ahmen alle die Wellenbewegungen und Windgeräusche mit Perkussion, Plane oder Stimmlauten nach und folgen mit den Geräuschen der Spannungskurve der Geschichte. Es beginnt also ruhig und bei leichtem Wellengang wiegend, die Rudergeräusche klingen monoton und beruhigend, ein leicht säuselnder Wind verstärkt sich allmählich und baut sich zum mächtigen Seesturm auf. Hilferufe, stöhnende und ächzende Geräusche, Blitz und Donner, klatschende, schlagende Wellen, berstende Planken und Ruder folgen – bis die Stimme Jesu das Meer in seine Schranken weist. Der Sturm schwillt ab, bis er am Ende ganz zum Schweigen kommt, die See beruhigt sich und verstummt in leisem Plätschern. Stille – Aufatmen.

3.6 Reportage

Intention: Durch die Rolle des Reporters, der in einer biblischen Szene auftritt, werden wir unmittelbar an den Ort des Geschehens geführt, bleiben nicht nur Augenzeuge, sondern werden zu Berichterstattern. Die Erzählsituation wird zur Radioreportage mit Hörspielcharakter.

3.6.1 Wir gehen auf Sendung

Mit Hilfe der Erfahrungen aus der Erzählwerkstatt ist es nun möglich, sich spontan auf eine biblische Szene einzulassen, sich dort wie eine Reporterin einzumischen, umzusehen und in Form einer imaginären Live-Reportage vom Ort des Geschehens Bericht zu erstatten.
Dazu ist wohl vor allem in der Eröffnungsphase einige Überwindung nötig, weil die Reportage möglichst spontan, das heißt ohne Vorabsprachen, Drehbuch oder gar Vorbereitungszeit improvisiert wird. Als Aufwärmspiel eignet sich besonders der freie Erzählkreis. Eine Mikrofonattrappe – der ausgestreckte Daumen einer Faust oder ein alter Tennisball auf einen Holzstab gespießt – wird einer Teilnehmerin vor die Nase gehalten, die aus dem Stand ein Statement formulieren muss. In der Spontaneität liegt der eigentliche Reiz. Selbst wenn die Betroffene keine Kenntnisse über den Inhalt der biblischen Quelle hat, kann sie aus ihrer Sicht eine eigene Darstellung erfinden. Eine Teilnehmerin kann sich auch im Kreis umherbewegen wie eine Reporterin, um den Stand der Dinge von »Umstehenden« im Interview zu ermitteln. Der Fantasie sind keine Grenzen gesetzt; nur Jesus selbst sollte aus dem Spiel bleiben.
In einem kleinen Anspiel oder einer Rahmenerzählung wird die Szene aus dem »Studio« eröffnet. Die Spielleiterin übernimmt die Regie der »Live-Übertragung«, schaltet von einer »Reporterin« zur anderen und übernimmt die Moderation der »Sendung«. Vielleicht ertönt als Auftakt der Indikativ der Tagesschau, die Fanfare von Radio-Rom, das Signalhorn des römischen Besatzungssenders oder die Hymne von tv-Jerusalem aktuell, bevor dann die Anmoderation beginnt.

3.6.2 Beispiele zur Anmoderation einer Reportage

Hier ist der Kinder-Kanal von Radio XXX. Wir berichten heute aus einer Schule in XXX, genauer gesagt, aus dem Religionsunterricht der Klasse X. Und zwar aus einem besonderen Grund. Die Kids hier haben sich in einer Projektwoche ausführlich mit einem Buch beschäftigt, das die Weltgeschichte beeinflusst und verändert hat wie kaum ein anderes. Ihr ahnt es schon: Das Buch ist die Bibel. Was habt ihr in diesem Buch entdeckt oder über dieses Buch herausgefunden?

Auf dem Marktplatz in Jerusalem steht unser Reporter Judokus Crassus und berichtet von dem großen Fest, das seine Herrlichkeit König Herodes Antipas zu seiner Ehre dem Volk für heute versprochen hat. Ist das Volk seiner Einladung gefolgt – denn besonders beliebt ist er ja eigentlich nicht bei der jüdischen Bevölkerung wegen seiner freundlichen Haltung gegenüber Rom. Wird er sich selbst sehen lassen? Wie sieht es dort bei Ihnen jetzt aus, Judokus Crassus?

Hallo! Hier ist Radio Galiläa. In der Synagoge von Kafarnaum ist es am Rande des Gottesdienstes zu einem Zwischenfall gekommen. Jesus, der Sohn Marias und Josefs, des Zimmermanns aus Nazaret, hat sich zum Messias ausgerufen. Als er die Synagoge verlassen musste, kam es zu Ausschreitungen. Wir fragen unsere Reporterin Judith Jeremia vor Ort: Was war los? Was sagen die Leute, die dabei waren? Hat sich die Lage inzwischen entspannt?

Guten Tag, liebe Zuhörerinnen und Zuhörer. In unserer Sendung: Menschen – Leben – Träume! hat sich unser Reporter Judas Carat heute einem Mann an die Fersen geheftet, der in letzter Zeit in Galiläa großes Aufsehen erregt und von sich reden macht. Aber hören Sie selbst: Hier ist Judas Carat mit seinem Bericht und Interviews aus dem Norden Israels:

Aus der Metropole des Römischen Reiches meldet sich Catarina Urbana. Sie steht am Kolosseum und hat sich unbemerkt unter die Christen mischen können, die sich offensichtlich trotz staatlichen Verbotes in unterirdischen Gängen zu subversiven Treffen immer wieder heimlich versammeln. Catarina, was haben Sie herausgefunden und beobachten können? Worum geht es bei diesen Zusammenkünften?

3.6.3 Sondersendung zum Exodus

Die beiden folgenden Beispiele für Sondersendungen thematisieren Schlüsselgeschichten des AT und NT und bedürfen eines angemessenen Rahmens, ausreichender Vor- und Nachbereitung. Sie verlangen nach einer Zielgruppe, die diesem Niveau gewachsen ist.

Hallo, Herr Comenius. Sie befinden sich derzeit nach meinen Informationen direkt am Palast des Pharaos und haben somit unmittelbar Einblick in die derzeitige Lage. In Agenturmeldungen war heute früh berichtet worden, eine große Gruppe von Zwangsarbeitern der Region sei mit ihren Familien über Nacht wie vom Erdboden verschwunden. Andere sagen, es seien vornehmlich Hebräer, Israeliten also, die mit Erlaubnis des Pharaos auswandern dürfen. Es heißt weiter, die mobilen Einsatzkräfte der Armee seien ihnen aber mit ihren hochgerüsteten Streitwagen seit den frühen Morgenstunden gefolgt und hätten sie vor wenigen Minuten am Ufer des Schilfmeeres gesichtet. Haben Sie aktuelle Informationen zum augenblicklichen Stand der Ereignisse?
Schalten wir jetzt um zu unserem Reporter Ramses im Heißluftballon über dem Schilfmeer, wo sich die Lage offensichtlich dramatisch zuspitzt. Eine große Menschenmenge – Sklaven der Region –, ist offensichtlich auf der Flucht von den ägyptischen Streitwagen eingeholt worden und muss sich am Rande des Schilfmeeres geschlagen geben, denn da ist offensichtlich kein Durchkommen. Damit scheint dieser Exodus des Mose, so heißt nach unseren Erkenntnissen der Anführer der Israeliten, gescheitert. Die Soldaten werden jetzt leichtes Spiel haben. Wird der Pharao Gnade walten lassen wenigstens bei Frauen und Kindern – oder schlägt er mit der ganzen Härte seiner Armee zu? Können Sie einen Lagebericht geben?
Rebekka Miriam hat sich umgehört in der Hauptstadt Ägyptens und ist mit ihrem Übertragungsfuhrwerk durch die – ehemaligen Wohngebiete, muss man wohl sagen – gefahren. Rebekka: Was haben Sie vorgefunden? Wie ist die Lage dort? Sind tatsächlich, wie berichtet, die Quartiere der Zwangsabeiterfamilien verlassen? Wo sind die Menschen geblieben und was weiß man über Hintergründe dieses spektakulären Aufbruchs der Hebräer bei Nacht und Nebel?

Hallo, hier Radio Nil! Hier ist die Zentrale. Gerade erreichen uns bisher unbestätigte Funksprüche vom Schilfmeer. Unglaubliches wird gemeldet. In einer Eilnachricht heißt es soeben, die ägyptische Eliteeinheit, die den israelischen Gastarbeitern nachgejagt ist, sei soeben vernichtend geschlagen worden. Herr Ramses – dabei kann es sich doch nur um eine Fehlmeldung handeln, denn niemand hier kann sich vorstellen, wie eine kaum bewaffnete Sklavenhorde, die schon die ganze Nacht zu Fuß unterwegs ist, auch nur einen der Reiter vom Pferd stoßen könnte. Was ist passiert? Haben Sie einen Überblick über die Lage?

3.6.4. Sondersendung Passion

Guten Tag, verehrte Zuhörerinnen und Zuhörer. Hier ist Radio Rom. Wir unterbrechen unsere Übertragung der Legionärskämpfe aus dem Amphitheater und schalten nach Jerusalem. Dort steht am Westtor der Stadt unsere Reporterin Claudia Urs in einer aufgebrachten Menschenmenge. Die halbe Stadt ist hier zusammengelaufen. Unsere Sicherheitskräfte marschieren auf, sie wurden in den letzten Tagen erheblich verstärkt wegen des Paschafestes in der Tempelstadt, die jetzt schon hoffnungslos überfüllt ist mit Pilgern aus allen Landesteilen. Gerüchte beunruhigen, dass wohl der Wanderprediger Jesus von Nazaret zu den Festlichkeiten mit einer großen Gefolgschaft von Jüngern in die Stadt einziehen will. Das klingt nach Aufruhr oder Umsturz! Welches Bild haben Sie vor Ort von der derzeitigen Lage, Claudia?

Sie haben es eben in den Nachrichten gehört, Jesus von Nazaret wurde gestern am Ölberg gefangen genommen, wohl von offiziellen römischen Legionären, und ins Prätorium abgeführt. Weiß man schon Näheres darüber? Es heißt, er sei von seinen eigenen Leuten verraten worden. Eine andere Meldung besagt, er sei auf der Flucht gewesen und habe sich im Ölberg schon vor den Toren der Stadt versteckt gehalten. Wissen Sie mehr?

Hallo, liebe Zuhörerinnen und Zuhörer. Aus aktuellem Anlass schalten wir jetzt direkt um nach Jerusalem. Von dort meldet sich unsere Reporter Aurelius Lucas direkt vom Tempelplatz, wo gerade Pontius Pilatus eine Pressekonferenz gibt zur Urteilsbegründung im Prozess gegen Jesus von Nazaret, der ja gestern mit seiner Behauptung, Sohn Gottes zu sein, die gesamte Öffentlichkeit in Aufregung versetzt hat. Aurelius, ich hoffe, Sie hören mich noch? Wie hat sich Pilatus zum Verlauf des Prozesses geäußert?

Liebe Hörerinnen und Hörer. Am Telefon habe ich jetzt den Hauptmann des römischen Exekutionskommandos, der am Freitag verantwortlich war für den ordnungsgemäßen Ablauf der Kreuzigung der drei Schwerverbrecher. Herr Constantinus: Sie haben unmittelbar unter dem Kreuz gestanden, an dem der »König der Juden«, wie es auf der Schuldtafel stand, wegen Gotteslästerung in äußerst schwerem Fall dem Tod am Kreuz überliefert wurde. Was können Sie uns zu den Vorgängen sagen, die sich dabei abgespielt haben?

3.7 Das Gleichnis vom guten Vater (Lk 15,11–32)

Intention: Ein Sprechspiel (auch als Hörspielvorgabe möglich) mit vorgegebenen Rollen greift das Thema des Gleichnisses vom guten Vater auf und aktualisiert und verfremdet die Erzähllandschaft und die Rollenträgern, so dass alte Hörgewohnheiten aufgebrochen werden.

3.7.1 Einsatzmöglichkeiten

- Als Erzählvortrag oder kleine Sprechszene vor oder nach der eigentlichen Begegnung mit dem Bibeltext im Rahmen eines Gottesdienstes oder einer Bibelstunde.
- Als Grundlage für ein eigenes Hörspiel, das sich aus dem Dialog bis zu einem kompletten Drehbuch weiterentwickeln kann.
- Als Beispiel, wie eine biblische Geschichte durch das Befragen einer Randfigur aktualisiert werden kann, ohne zuvor ein festes Drehbuch oder eine Erzählidee festlegen zu müssen.
- Methodisch können auch am Ende des Anspiels nach und nach weitere Rollen im Kreis verteilt werden: der Vater, Freunde, der »verlorene Sohn«, der Wirt, der Bauer, die Knechte oder erfundene Zaungäste. Andere aktualisierte Randfiguren könnten sein: ein Autofahrer, der ihn als Anhalter mitgenommen haben will, eine Freundin, die sich in ihn verliebt hatte, ein Obdachloser, der mit ihm eine Nacht auf der Parkbank verbrachte, ein Priester, bei dem er Rat und Hilfe gesucht hat, ein Polizist, der ihn mit falschen Papieren erwischt hat, die Mutter, die anders denkt als der Vater. Vielleicht kommt auch ein Brief zu Hause an? Oder alles geht ganz anders aus?

3.7.2 Interview: Vermisst!

Reporter:
Die Polizei sucht nach einem etwa 18-jährigen jungen Mann, gut gekleidet, selbstbewusstes Auftreten, dunkles Haar. Er hat vor einigen Tagen die elterliche Wohnung verlassen und gilt seitdem als vermisst, so haben wir in den Agenturen heute gelesen. Bei mir hier ist der Bruder des Vermissten:
Ihr Bruder hat das Haus mit dem Segen des Vaters verlassen. Seitdem gab es kein Lebenszeichen mehr von ihm. Haben Sie eine Ahnung, warum er fort ist und wo er jetzt sein könnte?

Bruder:
Ich habe keine Ahnung, wo er sein könnte. Weiß nur, dass er weg wollte, einfach weg aus all den Zwängen hier, der Abhängigkeit vom Vater, raus aus dem Betrieb und Alltagstrott. Wer will das nicht!

Reporter:
Sie sind aber doch zu Hause geblieben bei Ihrem Vater?

Bruder:
Ja, leider.

Reporter:
Das klingt so, als würden Sie das bedauern!

Bruder:
Klar. Er ist einfach auf und davon, ab in die Freiheit. Ich schufte hier im Haus, packe zu, wo ich nur kann, damit der Laden läuft. Die Kasse muss stimmen auch in den schlechten Zeiten heute. Vater schafft das nicht alleine, und seit mein Bruder weg ist, muss ich seine Arbeit auch noch machen. Ich erfülle meine Pflicht, ich weiß, was ich den Eltern schuldig bin. Schließlich haben sie das alles für uns aufgebaut. Und das Geschäft blüht langsam wieder auf, wie Sie sehen.

Reporter:
Was gibt es denn da zu bedauern. Ich meine, Sie haben Arbeit, Sie verdienen gut und bald gehört ihnen der Laden ganz alleine, jetzt, wo Ihr Bruder ausgestiegen ist.

Bruder:
Sicher, aber er hat seinen Anteil schon bekommen, und ich muss mir meinen erst noch verdienen. Das ist ein Unterschied, mein Lieber!

Reporter:
Verstehe: Sie beklagen sich, dass dem Unternehmen durch den Vorschuss an Ihren Bruder jetzt Kapital fehlt, das erst noch erwirtschaftet werden will.

Bruder:
Genau. Wir mussten einen Kredit dafür aufnehmen, so viel Geld, wie der bekommen hat, zahlt man nicht aus der Portokasse! 50% – die Hälfte von allem hat er mitgenommen – nur für sich allein. Von dem unbezahlten Rest müssen wir jetzt alle auskommen: Vater und Mutter, was bleibt da für mich?

Reporter:
Später aber gehört Ihnen dann alles.

Bruder:
Später – wann ist das: später? Wer weiß, wie alt ich dann bin. Dann bleibt auch keine Zeit mehr, durch die Welt zu tingeln und das Leben zu genießen.

Reporter:
Sie beneiden Ihren Bruder?

Bruder:
Er hat sich einfach genommen, was er kriegen konnte, und sich auf und davon gemacht. Wer weiß, wo er jetzt steckt, liegt vielleicht irgendwo am sonnigen Strand und lässt den lieben Gott einen guten Mann sein! Entschuldigen Sie bitte, aber ich habe anderes zu tun, als hier von Sonne, Meer und Strand zu träumen.

Reporter:
Nur noch eine kurze Frage: Warum sind Sie nicht einfach mitgegangen? Sie wussten doch, was er vorhatte?

Bruder:
Einfach abhauen? Das kann ich nicht. Den Vater hier mit allem allein lassen? Das hätte meine Mutter nicht überlebt. War schwer genug, dem einen hinterher zu winken.

Reporter:
Es liegt Ihnen sehr an Ihren Eltern?

Bruder:
Das ist doch selbstverständlich. Wem verdanken wir denn das alles hier, unser Leben, unsere Ausbildung, unser Einkommen und unseren Erbteil?

Reporter:
Aber trotzdem sind Sie nicht wirklich glücklich dabei?

Bruder:
Wer fragt schon nach dem bisschen Glück. Ich arbeite gerne, sehe den Fortschritt hier und bin auch ein wenig stolz auf die Erfolge, die man überall sieht. Wenn das kein Glück ist!

Reporter:
Waren Sie denn noch niemals fort von zu Hause? Ich meine, wenigstens mal für einige Wochen Urlaub oder so?

Bruder:
Urlaub kennen wir schon seit Jahren nicht mehr. Und was kostet das alles. Wo soll ich auch hin?

Reporter:
Es gibt doch genügend Urlaubsziele! Ganze Kataloge.

Bruder:
Was soll's. Wenn man erst einmal die Freiheit geschnuppert hat, fällt es viel schwerer, wieder hier in den Laden zurückzufinden. Da bleibe ich lieber gleich hier.

Reporter:
Und wo könnte es Ihren Bruder hingezogen haben? Rimini? Toskana? Australien? Indonesien oder China?

Bruder:
Der wollte eigentlich nur raus, weg von hier. Wirklich große Pläne hatte er gar nicht. Wer weiß, ob der gestrandet ist oder wo er sich derzeit herumtreibt. Komm bloß nicht zurück, habe ich ihm noch gesagt! Dann kannst du was erleben! Wer mich einmal im Stich lässt, der ist für mich gestorben!

Reporter:
Meinen Sie, Ihr Bruder lebt gar nicht mehr? Ihm könnte etwas zugestoßen sein? Das klingt ja fast wie Wunschdenken im schlechten Krimi!

Bruder:
Jetzt fangen Sie bloß nicht an, ich hätte den Kerl auch noch auf dem Gewissen. Ich hege keine Schuldgefühle. Ich habe ihn nicht vertrieben und bin ihm auch nicht nachgeschlichen, wenn Sie das meinen.

Reporter:
Um Himmels willen, das wollte ich nicht gesagt haben!

Bruder:
Bitte, entschuldigen Sie mich jetzt, die Pflicht ruft!

3.8 Hörspiel

Intention: Das Hörspiel soll als dramaturgische Gestaltungsmöglichkeit auch für biblische Motive vorgestellt und erprobt werden.

3.8.1 Die Tonspuren

Voraussetzung sind tontechnische Grundkenntnisse bei einigen Teilnehmern sowie eine passable Aufnahmemöglichkeit, Recorder mit Mikrophon, CD-Player, ggf. entsprechende Computertechnik mit Software, Instrumente.
Um auf den Geschmack zu kommen, hören wir uns zunächst ein professionell gestaltetes Hörspiel auf Kassette oder CD-Player an und analysieren seine Form. Es lassen sich fünf Tonspuren unterscheiden:

1. **Die Erzählerspur:** Der Erzähler leitet die Geschichte ein, bringt sie mal erklärend, mal erzählend voran und begleitet die Akteure auf ihrem Weg ins und durchs Abenteuer.
2. **Die Sprecherspur:** Die Sprecherinnen und Sprecher übernehmen die wörtliche Rede, als würden sie die Handlung selbst gerade erleben.
3. **Die Geräuschspur** untermalt ggf. mit Originalton die Spielszene. Sie wird meist synthetisch von einem Tricktontechniker zugemischt oder simuliert. Selten werden echte Außenaufnahmen eingeblendet.
4. **Eine Klangspur** wird hinterlegt, um die Spannung oder Dramaturgie zu unterstreichen. Klänge beeinflussen meist unbewusst die Stimmungslage der Zuhörer und schaffen einen akustischen Spannungsbogen für die Ohren durch anhaltende, schrille, aufwallende oder abschwellende Tonfolgen, rhythmisch hämmernde Akkorde, markante Tonsignale oder schwebende Sphärenklänge.
5. **Musik** wird wie bei der Filmmusik meist beim Szenenwechsel, bei Übergängen oder zur weiteren Verstärkung der Klangfläche eingespielt. Ein Grundthema wiederholt sich in verschiedenen Stimmungsvariationen in Dur oder Moll, mal mit einer Singstimme und Text hinterlegt, mal nur instrumental arrangiert.

3.8.2 Indikativ

Ein Hörspiel beginnt meist mit einem Indikativ, einer Titelmelodie also, und manchmal einer Ansage zur Autorin, zum Thema, Urheberrecht oder den Sprecherinnen. Der Indikativ kann zwischendurch als Grundmelodie wiederholt eingeblendet werden. Dabei reicht schon eine kleine Tonfolge auf einem schlichten Instrument.

3.8.3 Erzählaufbau

Zur Vorbereitung wird die Ausgangsgeschichte analysiert und in größere Szenen gegliedert und durchnummeriert. Jede Szene bekommt einen Titel. Der Spannungsbogen wird zum roten Faden. Daraus wird ein kleines Drehbuch mit den wichtigsten Details, den Erzähl- und Sprechertexten und den entsprechenden Effekten auf den verschiedenen Tonspuren.

3.8.4 Vorentscheidungen

Wer übernimmt die Technik? Wer eine Sprecherrolle? Wer will Erzähler sein? Wer Regisseur? Welche Geräusche werden gebraucht? Wie können wir sie erzeugen und aufnehmen? Welche Klangfarben können wir verwenden und abmischen und welche Instrumentalmusik haben wir auf CDs?

3.8.5 Studio »live«

Dazu braucht man nicht einmal ein Studio mit großer Technik, das geht selbstverständlich auch »live«, ohne dass alles aufgezeichnet oder technisch perfekt zusammengemischt wird. Musik kann man imitieren, Geräusche lassen sich erzeugen und Klangfarben sind auch kein wirkliches Problem, wenn man einfache Instrumente oder die eigene Stimme mit einbezieht. Die Tonspuren werden unter den Teilnehmerinnen aufgeteilt. Eine übernimmt Regie. Dann kann es losgehen.
Wer will, kann dann ja immer noch die Technik bemühen und alles mit Tontechnik durchspielen. Die einfachste Lösung ist es, den Live-Hörspot mit einem Mikrofon mehrmals auf einem Kassettenrecorder aufzunehmen. Die beste Aufnahme halten wir für uns fest.
Natürlich kann man in einer entsprechenden Gruppe gleich mit einem Bibelhörspiel beginnen. Erst sollte aber die Methode beherrscht werden, bevor man sie mit biblischen Inhalten verbindet.

Kopiervorlage zu 3.8.3: Regiebuch für ein Hörspiel

	Zeitschiene >			
Szenenfolge 1-x	Szenenfolge > – Kurzbeschreibung – Skizze – Regieanweisungen.	1. Szene	2. Szene	3. Szene
Tonspuren	1. Erzähler			
	2. Sprecher			
	3. Geräusche + Originalton			
	4. Klangeffekte			
	5. Musik			

3.9 Klangmalerei

Intention: Der Erzählvortrag wird untermalt mit vorsichtigen, dramaturgisch wirkungsvollen Klangimpulsen und Begleitmusik, um emotionale Schwingungen und Spannungen nachhaltig zu betonen.

3.9.1 Klangimpulse ausprobieren

Dazu suchen wir zunächst passende Rahmenmusik zu einer Bibelgeschichte, spielen selbst einfache Melodiebögen auf einem Instrument an Nahtstellen der Erzählung oder strukturieren eine Geschichte mit Klangeffekten. Hier wirken einfache Klangimpulse eindrucksvoller als große Improvisationen: ein zarter Glockenspielklang beim Verschweben des Engels, ein leichter, dreifacher Paukenschlag vor dem Auftritt des Herodes, ein Beckenschlag nach einer tragischen Situation, ein leises Zischeln mit Zimbeln bei »falscher Rede«, ein rhythmisches Staccato mit Klanghölzern als banges Warten.

3.9.2 Dezente Untermalung arrangieren

Klangbeigaben sollen kaum bewusst wahrgenommen werden, sondern sich einschleichen wie innere Stimmen und den Erzählfluss nicht stören: Eine wimmernder Ton, ein gehaltener Akkord, ein Glockenspiel-Dreiklang. Geeignete, aus den Klangexperimenten gewonnene Klangfarben werden dem Bibeltext zugeordnet. Dagegen lässt die Neigung, solche Klangkulissen 1:1 zu übersetzen, kein wirkliches Klangerleben aufkommen.

3.9.3 Titelmelodie

Wirkungsvoll und dezent begleitend wirkt auch eine kurze Titelmelodie, die vor allem bei Erzählvorträgen mit mehreren Szenen als Zwischenmelodie immer wieder anklingt oder variiert wird. Nur selten kann allerdings eine leise Instrumentalmusik einen Erzählvortrag permanent im Hintergrund so begleiten, dass sie nicht irgendwann als störend empfunden wird. Hier ist eher Vorsicht geboten.

3.10 Klangbilder

Intention: Kurzformeln der Bibel sollen mit Klangfarben hinterlegt werden, um ihre Stimmung zum Ausdruck zu bringen. Psalmverse sind wegen ihrer Prägnanz gut geeignet.

3.10.1 Auswahl

Die kopierten Psalmverse werden ausgelegt und nach ihren vier Grundstimmungen (Klage, Trost, Bitte, Lobdank) geordnet. Jeder schaut sie sich an und wählt ein Psalmmotiv aus, das er mit Klanginstrumenten in der Gruppe ausgestaltet. Jeder experimentiert für sich, bevor die Klangideen in der Gruppe vorgestellt werden: eine Körperperkussion, ein gesummter Ton, eine Klangfolge oder schlichte Melodie. Daraus entsteht allmählich eine Klangkulisse aus unterschiedlichsten Stimmen und Klangfolgen.

3.10.2 Klangideen

Alle Teilnehmerinnen stehen oder sitzen im Kreis, jede schreibt ihren Vers groß auf ein Blatt vor sich. Jetzt gibt es verschiedene Möglichkeiten, die je nach Situation von der Spielleiterin nacheinander eingesetzt werden können:

- Reihum stellt jeder einzeln seine Klangidee ohne Kommentar und möglichst ohne Unterbrechung vor. Alle sollten dabei die Augen schließen, um sich auf den Höreindruck zu konzentrieren.
- Eine beginnt mit ihrem Motiv, doch bevor es verhallt, greifen es alle im Kreis auf, verstärken es, lassen es einmal kräftig an- und wieder abschwellen. Wenn es verklungen ist, beginnt die Nächste in der Reihe.
- Das gleiche Motiv wird reihum im Kreis wiederholt, die Gruppe spielt jetzt jedes Mal den Klangvorschlag als Echo. Dazu spricht der Betreffende seinen Vers mit Betonung. Alle sprechen ihn noch ein- oder zweimal nach und lassen das Echo mit dem letzten Wort verschweben.
- Die Motive werden nicht mehr nacheinander, sondern alle gleichzeitig zum Klingen gebracht, wobei jede erfühlen soll, wann sie sich auf andere Klänge einlassen will, in welchem Maß und Abstand sie die Stimme variieren oder mit wem sie dabei ein Frage-Antwort-Spiel aufnehmen will, wohin sie sich im Raum bewegen möchte.

- Gelingt es am Ende, alle Teilnehmer in einen Sprechgesang zu bringen, so dass reihum die Verse reibungslos nacheinander gesprochen werden? Dabei lassen jeweils die anderen Teilnehmer in dem Maß ihre Motive ertönen, wie sie es zu dem Vers als angemessen empfinden.
- Wer die Gegenprobe machen möchte, lässt noch einmal den Vers ohne Klangkulisse vortragen. Was ist anders? Was fehlt? Was klingt nach? Wie füllt sich jetzt die Stille im Raum?
- Wenn die vier Psalmthemen (Klage, Trost, Bitte, Lobdank) als Ordnungsschema gelten, können die vier Gruppen entsprechend in den Motiven changieren oder interagieren, so dass der Stimmungswechsel hörbar wird. Wer hört den Unterschied beim Wechselbad der Gefühle heraus? Lässt sich daran noch arbeiten, feilen und nuancieren? Wie hörte es sich an, wenn aus den vier Ecken des Raumes reihum die vier Klangmotive wie eine La-Ola-Welle übergangslos herumkreisen, auf- und abwallen?
- Für eine Andacht werden Psalmworte und ausgewählte Klänge zu einer Klang-Text-Folge zusammengestellt. Wie wirkt das in einer großen Kirche auf die Gemeinde? Die Andacht klingt aus mit einem Gebetskreis, bei dem alle zu den einzelnen Klangbildern einen Gedanken wortlos oder betend ausdrücken: Es macht mich traurig, dass …, es tröstet mich, wenn …, ich bitte Gott um …, ich danke ihm für …
- Im fortgeschrittenen Stadium können Instrumente einbezogen werden, die die eigenen Stimmen ergänzen oder gar ersetzen. Auch eine Kombination mit Maltechniken, pantomimischem Spiel oder sakralem Tanz bietet sich an. Wenn Musiker gut eingestimmt sind und improvisieren möchten, kann daraus eine sehr kreative Klangkulisse entstehen.

Geeignete Psalmverse

KLAGE	TROST	BITTEN	LOBDANK
Höre, o Gott, mein lautes Klagen. *Psalm 64,2*	*Du tröstet mich in meiner Angst.* *Psalm 4,2*	*Entreiß mich der Hand meiner Feinde und Verfolger!* *Psalm 31,16*	*Lobe den Herrn meine Seele. Herr, mein Gott, wie groß bist du!* *Psalm 104,1*
Weit möchte ich fliehen, die Nacht in der Wüste verbringen. *Psalm 54,8*	*Du hast seinen Hilferuf erhört.* *Psalm 22,25*	*Sei mir gnädig, Gott, denn Menschen stellen mir nach.* *Psalm 56,2*	*Meine Zunge soll deine Gerechtigkeit verkünden, dein Lob alle Tage.* *Psalm 35,28*
Ich höre, wie sie mich verspotten und gegen mich lästern. *Psalm 31,14*	*Muss ich am Abend noch weinen, so weckt mich der Morgen mit Lachen.* *Psalm 30,6*	*Erhalte denen, die dich anrufen, deine Huld und deine Gerechtigkeit.* *Psalm 36,11*	*Der Herr ist barmherzig und gnädig, langmütig und reich an Güte.* *Psalm 103,8*
Hunde haben mich umzingelt. Eine ganze Bande umringt mich. *Psalm 22,17*	*Du wandelst meinen Kummer in Tanz, mein Trauergewand in ein Freudenkleid.* *Psalm 30,12*	*Da war ein Armer; er rief, und der Herr erhörte ihn.* *Psalm 34,7*	*Wie kann ich dem Herrn alles das vergelten, was er mir Gutes getan?* *Psalm 116,12*
Wilde Löwen brüllen mich Zähne fletschend an. *Psalm 22,13–14*	*Du bist wach, so habe ich keine Angst.* *Psalm 32,7*	*Gib mir Einsicht, dass ich deine Gebote lerne.* *Psalm 119,73 (2)*	*Dankt dem Herrn! Ruft seinen Namen an!* *Psalm 105,1*

3.11 Klanggeschichten

Intention: Die Erfahrungen Elijas am Horeb bergen starke Hörimpulse und führen bei reduziertem, behutsamem und sensiblem Umgang mit Klangfarben zum Kern der Gottesbegegnung durch das Hören.

3.11.1 Elija am Horeb (1 Kön 19,10–13)

Die Geschichte aus dem Ersten Buch der Könige erzählt von einer Höhlenerfahrung. Gott geht dem verzweifelten Elija nach bis in den letzten Winkel und holt ihn aus seiner Zurückgezogenheit heraus. Die Begegnung am Gottesberg, dem Horeb, ist voller Klangbilder und bietet sich daher förmlich an, in einem Klangspiel ausgestaltet zu werden. Eine Bildbetrachtung dient der Veranschaulichung der Erzähllandschaft.

3.11.2 Entwicklung der Klanggeschichte

Nach der ersten Begegnung und Aussprache über den Bibeltext gehen wir an die Ausgestaltung mit klanglichen Mitteln (in Einzel-, Paar- oder Gruppenarbeit).

- Der Text wird nachgelesen und alle Begriffe unterstrichen, die Klänge assoziieren lassen, z. B. Erdbeben, heftiger Sturm, leichtes Säuseln, verschwebendes Schweigen, die Stimme des Herrn.
- Dann hören wir genau hin: Wie klingt ein Berg, ein Erdbeben, ein verschwebendes Schweigen in meinem Ohr oder in den Ohren der anderen? Was klingt in mir an? Wie füllt sich der Raum um mich herum mit Geräuschen? Welche Laute, Stimmen, Klänge kann ich ausmachen? Was geben einzelne Gegenstände von sich preis?
- Dann analysieren wir den Ablauf der Geschichte und skizzieren einen Verlaufsplan, in dem die vier Grundmotive (Säuseln, Feuer, Erdbeben, Sturm) deutlich herausgearbeitet werden. Nach Themen getrennt gestaltet jede Gruppe zu einer Szene eine Klangkulisse aus. Sie sollte jedoch nicht beschrieben, sondern zuerst als Klang vorgestellt werden – dann wird sie per Stichwort oder Skizze in einer Tabelle notiert.
- Jetzt versuchen wir, die Geschichte beim Erzählen entlang der Partitur zu begleiten und zu untermalen. Korrekturen sollen besprochen, aber immer konkret alternativ angespielt werden, bis alle einverstanden sind. Es ist durchaus sinnvoll, mehrere Stimmen parallel oder in Kombination erklingen zu lassen, bevor man eine Idee voreilig verwirft.
- Wir suchen weitere Erzählsituationen der Bibel, die sich für ein Klangbild eignen. Vielleicht die dreifache Bitte Jesu an die Jünger am Ölberg, mit ihm zu wachen und zu beten? Es können auch Alltagssituationen sein: Ein Streitschlichtungsprozess, der Prozess der Angstüberwindung oder der innere Kampf bis zu einer bitteren oder schweren Entscheidung. Wer erfindet eine eigene Glaubensgeschichte nach diesem Muster?

3.12 Feuer und Flamme

Intention: Die Pfingsterzählung wird zündende Idee für eine Klanggeschichte. Sie bietet einen großen kreativen Gestaltungsraum.

3.12.1 Das Pfingstereignis (Apg 2,1–13)

Die Schar der Jünger um Jesus zog sich nach seinem schrecklichen Tod am Kreuz zurück, verängstigt, irritiert und orientierungslos bis zum Pfingsttag. Angesteckt mit dem Feuer des Heiligen Geistes werden jetzt aus resignierten Kleinmütigen lebendige Zeugen der Osterbotschaft: Jesus lebt, er ist bei uns. In seinem Geist sind wir begabt und befähigt, sein Wort weiterzusagen und die Botschaft vom anbrechenden Reich Gottes weiterzutragen bis an die Grenzen der Erde. Kommt diese Botschaft auch bei uns an? Vielleicht erspüren wir ja etwas von dieser Euphorie auch in unserer Gemeinschaft. Verschiedene Gestaltungsmöglichkeiten bieten sich dazu an.

3.12.2 Grundmotiv

Der Text wird gelesen und inhaltlich wie gewohnt erschlossen. Daraus wird ein Klangspiel entwickelt (nach dem Verfahren zur Horeb-Begegnung, vgl. 3.11.2), das sich auf die Erfahrung der Geistsendung konzentriert. Aus der resignierten Stimmung der richtungslosen Unstimmigkeiten wird nun ein Feuerwerk und Sturmesbrausen euphorischer Dynamik, das die Herzen entflammt und mit einer Zunge spricht.
Dieses Klangbild wird Grundmotiv (Thema A), das in der Gruppe zu einem Hörbild-Reigen (vgl. 3.12.4) weiterentwickelt werden kann.

3.12.3 Klangrahmen

Um ein Grundmotiv herum können die Glaubenszeugen der ersten Stunde in kleinen Erzählszenen zu Wort kommen. Die Apostel standen mit ihrem Leben für diese Gute Nachricht ein. Die bekanntesten sind wohl Petrus, Paulus und Jakobus, aber auch die großen Heiligen der Kirchengeschichte haben diesen Glauben weitergetragen. Man kann über sie nachlesen und ihre Geschichte oder entscheidende Situationen ihres Lebens in Form einer Legende, eines Briefes, einer Tagebuchaufzeichnung oder eines Dialoges erzählen. Diese Erzählszenen können in einem Gottesdienst vorgetragen und zwischendurch mit dem Klangspiel zum pfingstlichen Grundthema untermalt werden.

3.12.4 Hörbilder-Reigen

Alle wählen ein Klanggerät oder Instrument aus und freunden sich mit ihrem Instrument an. Klangfarben werden ausprobiert, kleine Dialoge mit den anderen versucht und Rhythmen im Kreis weitergegeben. Wir stellen uns vor, dieses Lauffeuer, dieser brausende Sturm des Pfingsttages breitet sich immer weiter aus bis in unseren Kreis und schlägt plötzlich wie ein Blitz mit seiner Energie in unsere Instrumente ein und steckt sie mit Rhythmus und Klang an. Alle improvisieren auf ihren Instrumenten und stellen dann reihum ihre Klangideen vor. Aus den vielen Ideen finden sich Kleingruppen, die jeweils ein Klangbild untereinander abstimmen. Am Ende werden alle Klangbilder der Kleingruppen zu einem Reigen zusammengestellt. Das Grundmotiv A kann dabei wie ein Refrain zwischen den Einzelbeiträgen gemeinsam intoniert werden.

3.12.5 Für Musikfreaks

Musikfreaks legen für ein solches Arrangement Tonart, Akkordkadenz, Takt und Rhythmus fest. Daraus wird der Soundtrack, zu dem Solo-Parts auf Instrumenten im Wechsel improvisiert werden.

3.13 Singspiele

Intention: Eine biblische Geschichte soll mit Liedern zum Klingen gebracht werden, damit die Botschaft An-klang findet. Dabei werden um die möglichst zusätzlich bildgestützte Erzählung herum Lieder komponiert, um das Publikum aktiv einzubeziehen.

3.13.1 Singspiel mit bekannten Liedern

Die einfachste Form eines Singspiels besteht darin, zwischen Vortragspassagen einer biblischen Sprech- oder Spielszene bekannte geistliche Lieder anzustimmen, die das biblische Motiv aufgreifen und einrahmen können.

3.13.2 Singspiel mit eigenen Texten und Melodien

Wer es sich zutraut, schreibt zu bekannten, eingängigen Melodien eigene, zu der Bibelgeschichte passende Liedtexte oder komponiert sogar neue Melodien zu Texten der Bibel und arrangiert sie mit einer Band. Ansonsten kann man auf Singspiele in der Literatur zurückgreifen und sie mit Fachleuten in der Gemeinde arrangieren.

3.13.3 Bilderbuch vertonen

Das Singspiel vom verlorenen Schaf greift eine Bilderbuchidee zum Gleichnis Jesu auf und entwirft dazu kleine, eingängige Melodien. In Kombination mit bildnerischen Gestaltungsmitteln kann daraus ein kleines Projekt des Kinderchores oder eine ganze Unterrichtsreihe im Religionsunterricht werden. Mit kleinen Stabpuppen, einer gestalteten Erzähllandschaft in der Kreismitte, selbst gemalten Bildern (ggf. auf Folien gedruckt), als Tanz- oder Mitspieltheater mit einfachen Requisiten lässt sich die Geschichte vielseitig ausgestalten.

3.13.4 Ein Singspiel zum Gleichnis vom verlorenen Schaf
(Mt 18,12–14; Joh 10,11–15, Lk 15,4–7)

Lied zur Eröffnung und Begrüßung:
Herzlich willkommen!

T/M/©: W. Gies

Zum Kehrvers werden die weit ausgebreiteten Arme in einer einladenden Geste auf der Brust zusammengeführt und mit einer Verneigung überkreuzt.
In jeder Strophe wird jeweils der Name eines Kindes eingesetzt, das damit persönlich begrüßt und zu einer kurzen Vorstellung in den Kreis gebeten wird.

Erzähler:
Es war einmal ein Hirte, der hatte 100 Schafe. Eines Abends vor dem Schlafengehen zählte er: 95, 96, 97, 98, 99 …? Nanu!, staunte er, da fehlt doch eins. So oft er auch zählte, es waren nur 99 Schafe in den Stall zurückgekehrt. Das 100. Schäfchen war und blieb verschwunden.

Lied: Wo mag mein Schäfchen nur sein

T/M/©: W. Gies

2. Stacheln und Dornen, die sind mir egal …
3. Sind meine Wege auch sehr steil und schmal …

Die Strophen können zum folgenden Sprechtext wiederholt werden.

Erzähler:
Wo soll er suchen? Im Hühnerstall! Nein, da ist es nicht. Auf dem Heuboden? Nein, da ist niemand. Bestimmt hat es sich hinter den Büschen verkrochen! Aber nein, da ist es auch nicht! Er sucht weiter, läuft über Hügel und Felder, auf den Berg und in den Wald. Glaubt ihr, er findet sein Schäfchen dort? Nein! Er zerreißt sich in den Dornen seine Hosen, zerkratzt sich die Beine im Gestrüpp. Doch sein Schäfchen bleibt verschwunden. Oh, nein, oh nein! Er läuft sich die Füße wund und die Beine müde. Er kann am Ende keinen Schritt mehr laufen. Doch er gibt nicht auf! Hoffentlich ist seinem Schäfchen nichts Böses geschehen!

Ein Kind spielt in einem Winkel das verängstigte Schaf, während das nächste Lied gesungen wird.

Lied: Ich bin ganz allein

T/M/©: W. Gies

Der besorgte Hirte tritt auf und wendet sich ihm suchend zu, während die zweite Strophe gesungen wird.

2. Du bist ganz allein, wie mag dir nur sein?
Du hast dich verlaufen, weißt nicht, wohin?
Weißt nicht, wo du bist, kennst dich hier nicht aus.
Du möchtest so gerne wieder nach Haus'!
Du weißt nicht mehr weiter, nicht ein noch aus!
Ach, mein guter Gott, ich hol' dich da raus!

Erzähler:
Dann sieht der Hirt von weitem einen See. Da kann ich meine schmerzenden Beine kühlen, denkt er. Gerade steckt er den großen Zeh ins Wasser. Da traut er seinen

Augen nicht: Was glaubt ihr, wer da im Wasser zappelt? Richtig! Sein Schäfchen. Als er das Schäfchen in seiner Not sieht, springt der Hirte kopfüber ins Wasser. Er schwimmt zu ihm und zieht es ans Ufer. Hier legt er es um seine Schulter. Komm, ich bringe dich nach Hause, sagt er voller Freude und Dank.

Der Hirte entdeckt sein Schaf und rettet es. Dann führt er es dankbar und froh in den Kreis zurück.

Lied: Ich bin doch für dich da

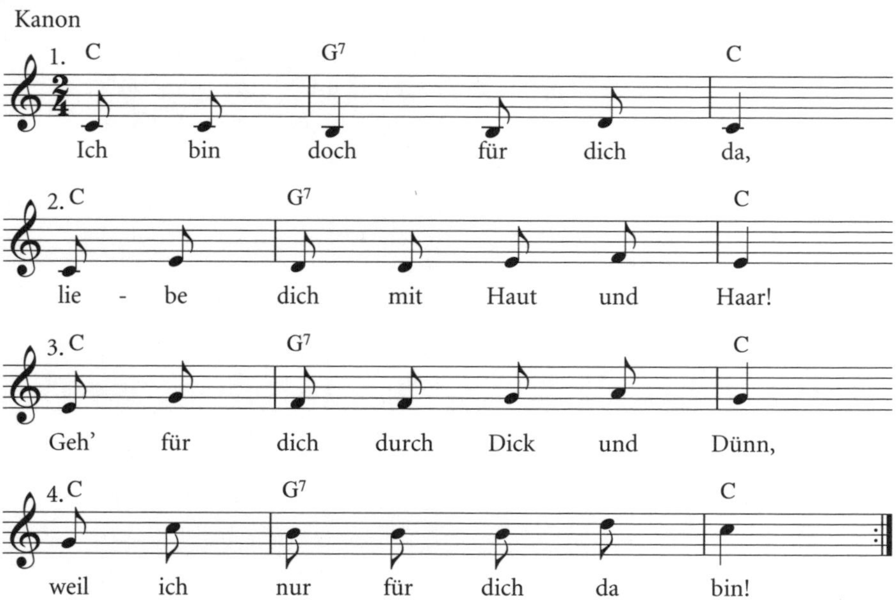

T/M/©: W. Gies

Erzähler:
Als sie zu Hause ankommen, blöken die anderen 99 Schafe vor Freude! Hurra!, rufen sie. Sie sind wieder da! Beide! Ist das eine Freude! Und sie feiern die ganze lange Nacht.

Schlusslied: Der Herr ist mein Hirte

T/M/©: W. Gies

4. Kunstatelier

Die Bibel hat wie kaum ein anderes Buch die Kunstgeschichte inspiriert und Menschen zum Spiel mit Form und Farbe angeregt, um ihren Glauben zum Ausdruck zu bringen. Bevor Kinder lesen und schreiben können, begegnen sie biblischen Geschichten in Bilderbüchern und greifen selbst zum Buntstift, um die wunderbaren Geschichten von Jesus und seinen Freunden im Bild festzuhalten.
Das Spiel mit Strichen, Flächen, Formen und Farben ereignet sich im Kopf, die Bühne ist das leere Blatt Papier. Nicht einmal der Bilderrahmen kann die Fantasie einengen. Diesen Kreativraum gilt es zu nutzen, um biblische Botschaft sichtbar zu machen.
Die Ausdruckskraft der Bilder wird anschließend ins Spiel überführt und anschaulich gemacht. Biblische Gestalten erhalten im Spiel ein Gesicht, das Identifikation ermöglicht und ihre Botschaft in den Alltag trägt.
Die Sprache der Bibel ist in einem hohen Maß eine Sprache der Bilder, Metaphern und Symbole. Religiöse Erfahrungen, Stimmungen, Hoffnungen, Sehnsüchte und Ängste melden sich meist wortlos in Träumen oder in bildreicher Rede. Das Wort Gottes löst in den Angesprochenen Imaginationen und Visionen aus, die den reinen Verstand überschreiten.
Wer sich hier wenig zutraut, braucht Ermutigung und Anregung, um die eigenen Talente ins Spiel zu bringen. Manchmal ist es eine besonders reizvolle Gestaltungstechnik, manchmal die Gunst des Augenblicks, die uns die Freude am Malen wieder entdecken lässt. Immer aber ist der Einfluss der Gruppe ein entscheidender Faktor, ob jemand sich letztlich traut oder weigert, Bilder für alle sichtbar auf dem Papier entstehen zu lassen.
Wir beginnen bei einfachen Malerfahrungen in der Gruppe, damit von Anfang an Hemmungen vorgebeugt wird und alle in kleinen Schritten ihre Talente entdecken, ausprobieren und zum Ausdruck bringen können.

4.1 Schöpfungslandschaften

Intention: Das Malen in der Gruppe soll als Ausdrucksmittel mit großer, kreativer Spannweite entdeckt werden. Aus einfachen Strichen entsteht im Prozess des gemeinsamen Gestaltens eine Bildlandschaft.

4.1.1 Die Erde war wüst und leer

Die Gruppe sitzt im Kreis um ein großes, ausgerolltes, erdfarbenes Packpapier. Wachskreiden oder Fingerfarben sind außen herum griffbereit verteilt. Der Sinn des Spiels wird erläutert und das Verfahren geklärt. Nach einer kleinen Stillephase nimmt der Spielleiter die Bibel zur Hand und liest den ersten Satz oder Absatz (Gen 1,1–2) vor: »Am Anfang schuf Gott Himmel und Erde, aber alles war noch wüst und leer.«

Er gibt eine Postkarte mit dem Vers im Kreis herum und bittet jeden Teilnehmer, den Satz noch einmal laut vorzulesen.
Danach werden verschiedene Malaufgaben angeboten.

4.1.2 Domino

Wenn die Musik einsetzt, beginnt die Erste das Schöpfungsbild mit einem einzigen, ersten Strich. Krümmungen und Wellen sind erlaubt. Die Nächste führt den ersten Strich irgendwie weiter usw. Es entwickelt sich eine Linienform wie beim Domino-Spiel. Wir malen in aller Stille ohne Worte. Es ist spannend zu sehen, wie sich allmählich eine Form ergibt, die deutungsoffen bleibt bis zum Schluss. Aus dem Nichts entsteht etwas durch den schöpferischen Geist in der Gruppe.

4.1.3 Etappenbild

Nacheinander darf jeder 30–60 Sekunden frei mit Farben an der Schöpfungslandschaft malen, bevor er die Wachsfarben weitergibt. In größeren Gruppen malen mehrere gleichzeitig im Zeittakt. Die anderen beobachten still das werdende Bild: Wer setzt Akzente? Wer greift Vorgaben auf? Wann entsteht zum ersten Mal ein eindeutiger Bildeindruck? Welches Motiv setzt sich durch? Wann ist das Bild »fertig«?

4.1.4 Über den Rand hinaus malen

Die Verskarte (Gen 1,1) wird in die Mitte des Malgrundes gelegt. Alle malen dann schweigend außen herum über den Rand hinaus an einer Schöpfungslandschaft aus eigener Intuition.

4.1.5 Die sieben Schöpfungstage (Gen 1)

Die Schöpfungserzählung wird vorgetragen. Zu jedem der sieben Schöpfungstage wird ein Teilbild oder eine Schöpfungslandschaft gestaltet als Bilderfolge, Sandkastenlandschaft, Guckkastengalerie oder auf das Segment einer in sechs Teile gesägten großen, runden Holzscheibe, deren Mitte ebenfalls kreisförmig ausgeschnitten wurde für den siebten Tag.

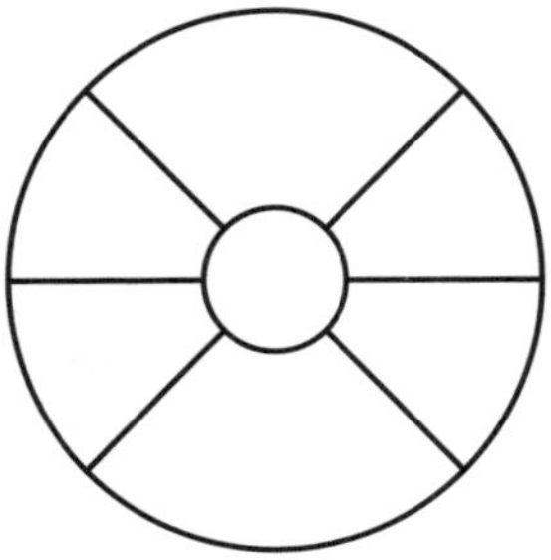

4.1.6 Auswertung

Wenn die Musik verklingt, beenden alle ihr Werk und stellen ihre Schöpfungen vor. Dann wird ein Sprechstein herum gereicht, so dass jede den anderen ihre Eindrücke und Gedanken in Ruhe mitteilen kann.

4.2 Reich-Gottes-Bilder

Intention: Das Gleichnis vom Senfkorn soll die eigenen Gestaltungskräfte als Geschenk des Himmels und Auftrag des Schöpfers an die eigene Kreativität vor Augen stellen.

4.2.1 Himmel ist für mich wie …

Wir beginnen mit einem Metaphernspiel: Himmel, das ist für mich wie … steht groß auf einem Zeichenblatt. Alle Teilnehmer erhalten Wachskreiden und die Aufgabe, spontan ein Bild dazu zu entwerfen, ganz aus dem Bauch heraus in aller Ruhe und bei gedämpfter Musik im Hintergrund. Ein freiwilliger Gedankenaustausch am Ende ist sinnvoll, wenn Gesprächsbedarf besteht. Sonst kann auch ein Zeitraum vereinbart werden, in dem alle in Ruhe umhergehen und die Bilder betrachten dürfen. Mit älteren Teilnehmern ist ein Kontrastbild denkbar: Das ist für mich die Hölle! Wir ordnen dann die Bilder am Ende und vergleichen sie.

4.2.2 Gegenstandsbetrachtung

Dem freien Malen zur Himmelsmetapher folgt eine Gegenstandsbetrachtung, bei der die Teilnehmerinnen ein Senfkorn auf die Hand bekommen, es still betrachten und sich darüber austauschen: Was ist das? Wozu dient es? Was steckt darin? Wo ist es uns schon einmal begegnet? Wir können es einpflanzen und sein Wachsen über Wochen beobachten. Oder wir fühlen uns in so ein kleines Saatkorn ein, stellen es nach und bringen es pantomimisch mit warmen Sonnenstrahlen zum Sprießen (vgl. 5.7.).

4.2.3 Das Bild Jesu vom Reich Gottes

Der nächste Schritt führt uns zur Bibel. Es gibt zwar kein Foto von Jesus, aber Bilder, in denen er vom Himmel erzählt. »So«, sagte Jesus, »stelle ich mir das Reich Gottes vor.« Wir lesen den Text (Mt 13,31–32) mehrmals vor.

4.2.4 Tuschebaum

Zur Nachbereitung fühlen wir uns zuerst in das Senfkorn hinein, wie es zusammengekauert in der Erde liegt und auf Wärme und Regen wartet, um wachsen zu können, ganz langsam und vorsichtig der Sonne entgegen, immer größer und prächtiger. Dann kleben wir das Senfkorn aus der Betrachtungsphase in das untere Drittel eines Zeichenblattes. Dazu wird ein Tropfen schwarzer Ausziehtusche auf das Blatt gegeben, den jeder mit einem dicken Party-Strohhalm auseinanderpustet, bis die Tusche angetrocknet ist, so dass ein verzweigtes Geäst entsteht.

4.2.5 Auswertungsgespräch

Im Gespräch berichten wir von unseren Erfahrungen beim Gestalten. Was haben wir beim Pusten gedacht, empfunden oder assoziiert? Gab es Grenzerfahrungen: Die Puste ging aus oder die Tusche, die Wurzeln wurden vergessen oder die Luft reichte nicht für große Verästelungen? Übertragen auf unser Leben stellen sich Assoziationen ein: Wo sind meine eigenen Möglichkeiten und Grenzen? Passt das Bild zu meinem bisherigen Leben? Wären die Äste Lebensmöglichkeiten und Erfahrungen? Wo gibt es Übereinstimmungen, wo Unterschiede? Wo stehe ich im Leben? Worin bin ich verwurzelt? Und wohin entwickele ich mich? Wer gibt mir Lebenskraft, Sonne, Erde, Wind und Regen? Was ist in mir angelegt wie in dem kleinen Senfkorn, das sich dem Himmel entgegenstrecken, wachsen und reifen will?

4.2.6 Meditative Nachbesinnung

Über eine angeleitete meditative Besinnung kann die Malerfahrung gedeutet werden. Je reifer die Gruppe, umso dichter können die existentiellen Bezüge werden: Welche Kräfte und Talente stecken in mir? Was kann ich besonders gut, wo sind meine starken Äste? Welche Blütenträume hege ich, wenn ich in die Zukunft schaue? Wer macht mir Mut? Und zurück zum biblischen Anspruch: Kann ich annehmen, dass alle meine Lebensmöglichkeiten Geschenk Gottes an mich sind? Wie nutze ich meine Talente im Sinne Jesu, mich dem Reich Gottes zu öffnen und ihm entgegenzuwachsen als Kind der Schöpfung?

4.2.7 Kolorieren

Die Tuschebilder werden koloriert, mit Blüten aus Geschenkpapier geschmückt oder mit Symbolen des Lebens verziert, so dass der Lebensbaum sichtbar wird, den Jesus verheißen hat. Es kann auch ein Lebensbaum gemalt, geschmückt oder gepflanzt werden.

4.2.8 Kleines Senfkorn Hoffnung

Das weit verbreitete Lied vom kleinen Senfkorn Hoffnung lässt die Arbeit am Gleichnis ausklingen. Dazu werden die Verszeilen der ersten Strophe als Satzstreifen einzeln ausgeteilt. Zu jeder Zeile überlegt sich eine Teilnehmerin, ein Paar oder eine Kleingruppe eine ausdruckskräftige Körpergeste. Dann wird das Lied angestimmt und zu jeder Verszeile mit der entsprechenden Gebärde begleitet. Zuerst spielen die einzelnen Gruppen jeweils vor, dann spiegeln bei der Wiederholung des Liedes alle synchron die vorgestellte Gestik.

4.2.9 Vorsätze

Jeder pflanzt in einer Schlussrunde ein kleines Senfkorn in eine bereitgestellte Schale und wünscht sich dabei (ohne Worte), eines seiner verborgenen Talente möge zur Entfaltung kommen, bittet Gott still um seinen Segen dazu oder fasst den Vorsatz, eine besondere Fähigkeit in den nächsten Tagen bewusster zu pflegen und zum Segen für andere werden zu lassen.

4.3 Landschaftsmaler

Intention: Jede biblische Erzählung spielt an einem bestimmten Handlungsort. Diese Orte werden jetzt in Bildern konkretisiert.

4.3.1 Vorübungen je nach Zielgruppe

- Das eigene Zimmer zu Hause imaginieren, beschreiben oder malen
- Fantasiereisen zu Orten, die die Teilnehmerinnen gut kennen
- Fantasielandschaft im Erzählkreis gemeinsam mit Worten ausmalen
- Traumreise zum schönsten Ort der Welt
- »Blindenführung« durch den Raum oder durch eine Landschaft (Kirche)
- Fotosafari zu einem bestimmten Ort als Fantasiereise
- »Fernsteuerung« mit verbundenen Augen oder nur in der Imagination
- Dokumentaraufnahmen oder Filme von biblischen Landschaften
- Bild vom Land der Bibel, Luftaufnahmen oder aus dem Weltraum
- Landschaftsbilder der Kunstgeschichte anschauen
- Reise mit dem Fesselballon imaginieren

4.3.2 Brainstorming

Im Stuhlkreis werden zunächst gemeinsam biblische Landschaften in Stichworten gesammelt: Paradies, Wüste, Ährenfeld, Weinberg, See Genezaret, Totes Meer, Jerusalem, Tempelberg, Jordanufer, Nazaret, Hirtenfeld; oder Räume, in denen biblische Geschichten spielen: Stall, Herberge, Palast, Wohnhaus, Tempel, Synagoge, Gasthof, Gefängniszelle, Höhle. Es gibt auch spezifisch biblische Orte: Stall von Bethlehem, Palast des Herodes, Jakobsbrunnen, Abendmahlsaal, das Haus des Zachäus oder der Kalvarienberg. Wir schreiben jeden Begriff auf einen Zettel, so dass jeder einen davon wählen kann. Zu diesem Ort seiner Wahl wird dann die folgende Aufgabenfolge angeregt.

4.3.3 Die Landschaft in den Blick nehmen

Jede setzt sich ungestört an einen Tisch und sucht in der Fantasie ihre Landschaft auf. Was weiß ich von dieser Gegend, diesem Raum? Wie sieht es dort aus? Wie stelle ich es mir dort vor? Was kann ich da entdecken? Welche Motive würden sich für mein Fotoalbum lohnen? Welche Perspektive wähle ich? Weitwinkel oder Nah-

aufnahme? Blicke ich durch ein Fernglas oder ein verrostetes Schlüsselloch? Von der Lampe oder aus der Ecke des Raumes? Von einem Aussichtspunkt aus oder vom Wegesrand? Welches Bild setzt sich durch?
Diese Bilder skizziere ich mit einfachen Umrisslinien, so gut ich kann.

4.3.4 Die Erzähllandschaft ausmalen

Dann begebe ich mich in mein Bild, betrachte mein Motiv noch einmal ganz genau: Was steht im Vordergrund, im Mittelpunkt, am Rand oder hinten im Bild? Fehlt da etwas? Dann lasse ich Farbeindrücke aufkommen: Welche Farben sind zu sehen? Wie stufen sie sich ab? Welche dominieren? Welche harmonieren oder stören? Wie fällt das Licht in die Landschaft? Wie wird der Raum beleuchtet? Wie fällt der Schatten? Was bleibt im Dunklen? Was sehe ich besonders detailliert? Was fehlt mir in diesem Bild?
Ich zeichne alles in mein Bild, was noch fehlt, korrigiere die Proportionen ein wenig – falls erforderlich – und greife dann zu den Farben.

4.3.5 Leben ins Bild bringen

Wir tauchen in die Landschaften ein und lassen sie lebendig werden. Welche Gerüche, Geräusche, Stimmen oder Personen kann ich mir hier vorstellen? Was bewegt sich da? Was machen die Menschen dort, wer sind sie und was haben sie vor? Wie sehen sie genau aus? Was erleben sie und welche Erzählhandlung kommt mir in den Sinn? Es muss kein riesiges Bild werden, sondern eine kleine Idylle, ein Schnappschuss, eine lebendige Szene oder eine schicksalhafte Begegnung.
Dann male ich die Szenerie auf, erzähle damit oder schreibe dazu eine Geschichte, die an diesem Ort spielen könnte.

4.4 Kunstwerke nachgestalten

Intention: Ein biblisches Motiv der Kunstgeschichte soll dazu animieren, sich in eine biblische Szene hineinzubegeben und sie sich mit dem inneren Auge auszumalen, um sie später als Erzählhintergrund, Spiellandschaft oder Bühnenbild vor Augen zu haben.

4.4.1 Kunstwerke zur Bibel betrachten

Ausgangspunkt ist stets eine ausführliche Bildbetrachtung, bei der die Teilnehmer durch die Farb- und Formenlandschaft wandern oder bei Bedarf geführt werden und so eine Vorstellung von Farben und Formen im Bild gewinnen. Auch Hinweise auf den Künstler und seine Technik sind manchmal wichtig zum Verständnis.

4.4.2 Kunstwerke nachgestalten

Zur Unterstützung der Wahrnehmung und Einfühlung kann das gewählte Bild nach einer ersten Betrachtung nachgestaltet werden. Dabei bieten sich viele künstlerische Methoden an, die entweder das Original nachempfinden oder es in eine andere Ausdrucksform übertragen.
Für die Nachgestaltung sollten verschiedene Malutensilien zur Verfügung stehen, von Bleistift, Wachsstiften, Fingerfarben und Wachskreiden bis hin zu Aquarell und Acryl sind alle künstlerischen Techniken möglich. Auch der Malgrund sollte groß genug und ansprechend sein. Vor allem braucht man einen ungestörten Arbeitsplatz und Muße, um kreativ werden zu können.

Kopiervorlage zu 4.4.1: Bildbetrachtung

Bild still betrachten

Was siehst du?

Was erzählt es dir?

Was man mit einem Bild machen kann

Mit Worten
Das Bild genau beschreiben.
Farben und Formen benennen.
Unbekanntes klären.
Deutungen überlegen.
Sagen, was mich im Bild anspricht.
Sprech-/Denkblasen zum Bild schreiben.
Erzählend durch das Bild wandern.
Eine Geschichte dazu erfinden.
Dem Bild einen Titel geben.
Fragen an den Künstler schreiben.

Mit Farben und Stiften
Einen Ausschnitt nachmalen.
Ein ähnliches Bild malen.
Aus einem anderen Blickwinkel malen.
Das Bild verändern.
Über den Rand hinaus weitermalen.

Im Spiel
Das Bild als Standbild darstellen.
Bewegung ins Bild bringen.
Eine Geschichte dazu spielen.
Das Bild zum Klingen bringen.
Das Bild als Landschaft bauen.

Nachgestalten

Kopiervorlage zu 4.4.2: Impulskärtchen

Nachmalen Male aus der Erinnerung das gesehene Bild oder einen Ausschnitt daraus nach.	**Nachlegen** Lege aus Naturprodukten, Tüchern oder anderem Legematerial das Bild in seinen Grundzügen auf dem Boden nach.
Modellieren Gestalte das gesehene Bild aus der Erinnerung aus bunter Knete auf einem Pappteller nach.	**Über den Rand** Klebe die Bildvorlage in die Mitte eines großen Zeichenblattes. Dann male das Bild nach allen vier Seiten nach der eigenen Vorstellung weiter.
Collage Eine Bildkopie oder Bilder aus Illustrierten werden übermalt, verändert, mit Bildelementen ergänzt, zerschnitten und neu zusammengelegt.	**Folienbild / Fensterbild** Male das Bild auf Folie oder Glas mit Transparentfarben nach oder gestalte es mit Transparentpapier zu einem Kirchenfenster um.
Mosaik Zuerst reiße ganz viele farbige Schnipsel aus Krepp-Papier und forme kleine Kügelchen. Dann lege und klebe das Bild als Mosaik nach.	**Landschaftscollage** Mit Abfallmaterial wird auf eine Pappfläche das Bild als eine dreidimensionale Landschaft gestaltet und am Ende mit Farbe übersprüht bzw. übermalt.

4.4.3 Jakobs Traum (Gen 28,12)

Wir betrachten das Bild. Am besten bleibt die Himmelsleiter zuerst abgedeckt, um die Aufmerksamkeit auf die Landschaft mit dem schlafenden Jakob zu richten. Dann hören wir die Geschichte der Bibel. Anschließend malt jeder seine Vorstellung in ein Traumbild. Eine Kopie des unteren Teils des Bildes vom träumenden Jakob kann als Anregung dienen. Die Fläche darüber wird vor dem Kopieren abgedeckt und bleibt frei zum Ausmalen. Am Ende schauen wir uns im Vergleich an, wie die Künstlerin Ute Thönissen die Himmelsleiter gestaltet hat.

4.5 Bühnenbilder

Intention: Die Landschaft, in der eine biblische Geschichte spielt, soll als Bühnenbild in verschiedenen Formen gestaltet werden.

4.5.1 Erzähl-Arena

Wenn Geschichten der Bibel inszeniert werden, brauchen sie eine konkrete Bühnenlandschaft. Im Erzählkreis wird die Innenfläche zur Arena. Sie kann gestaltet werden als Landschaftsbild mit Naturprodukten aus Feld, Wald und Wiese, mit Tüchern und ansprechendem Legematerial, mit Möbeln, Kisten, Kästen, auch nur angedeutet mit Teppichfliesen, Schildern, Farbpunkten, Symbolen. Mit Kreppband können auf dem Boden Markierungen für imaginär bleibende Kulissen angebracht werden.

4.5.2 Lebende Kulissen

Personen übernehmen im Innenkreis die Funktion von Kulissen als schwankender Baum oder sprechender Brunnen wie im Märchen. Dabei werden auch die aktiviert, die nicht gerne auf der Bühne eine Sprechrolle übernehmen. Einfache Tücher oder fantasievolle Kostüme und ansprechende Requisiten helfen dabei, in die Rolle zu finden.

4.5.3 Puppenhaus-Bühnen

Kinder basteln gerne kleine Puppenhaus-Bühnen, sei es als Entwurf für ein großes Bühnenbild später, als Puppenspielbühne oder auch nur als kleiner Guckkasten. Stabile Kartons gibt es in jedem Supermarkt gratis. Man kann sie weiß grundieren, mit Abtönfarben bemalen oder mit Geschenkpapier oder Krepp bekleben. Für die Ausstattung sollte genügend Material zur Verfügung stehen (Tonpapier, Pappe, Verpackungsschachteln, Holz, Watte, Wolle, Farben, Pinsel, Becher, Wischtücher, Schere und Klebstoff, ggf. Heißkleber).
Arbeiten mehrere zusammen in einer Gruppe, kann ein Diorama aufgebaut werden, so wie die Krippe in der Weihnachtszeit. Warum nicht auch einmal ein Diorama zu einem anderen Thema der Bibel gestalten, z. B. Gastmahl der Armen, Abendmahl, Brotvermehrung oder der Kreuzweg mit seinen 14 Stationen? Der Fantasie bietet sich viel Raum, den Kinder gerne nutzen, wenn ansprechendes Ma-

terial üppig vorhanden ist, und sie dort Hilfe erhalten, wo sie allein noch überfordert sind.

4.5.4 Die Bühnenlandschaft

Für die große Bühne wirkt ein markanter Blickfang eindrucksvoller als ein pompöses Bühnenbild: farbenfroh angemalte Umzugskisten, zu einem Turm, einem Mauerwinkel aufgeschichtet oder in der Fläche verteilt, eine lange Stoffbahn im Hintergrund, ein knallroter Stuhl, ein gespanntes Regenbogentuch oder ein großer Baum im Mittelpunkt reichen meist schon aus. Vor allem wenn der Altarraum in der Kirche als Bühne genutzt wird, ist eine Reduktion auf das Wesentliche notwendig.
Lichteffekte und eine farbliche Ausleuchtung sollten gut durchdacht sein. Diaprojektoren mit getönten Diagläsern ergeben schöne Effekte. Es braucht sicher viele kreative Bühnenbildner, Beleuchterinnen, Tontechniker, Requisiteurinnen, die parallel zu den Spielern eine Teilgruppe bilden. Nicht zu vergessen: Kostüme, Schminke und Maske!

4.6 Gesichtslandschaften

Intention: Die Figuren der biblischen Geschichten sollen mit Hilfe von Maske und Schminke ein Gesicht erhalten. Mit einfachen Übungen wird der Blick geschärft für die vielfältigen Gestaltungsmöglichkeiten.

4.6.1 Stars

Bilder von Stars aus Illustrierten werden mit Bunt- oder Filzstiften übermalt und verfremdet. Wie verändert sich der Gesichtsausdruck? Welche bildnerischen Gestaltungsmittel und Möglichkeiten entdecken wir dabei?

4.6.2 Selbstbespiegelung

Ein Handspiegel wird herumgegeben, in dem sich jede still betrachten darf. Steht kein Spiegel zur Verfügung, spiegeln wir uns gegenseitig, indem wir den Gesichtsausdruck der anderen nachahmen. Statt eines Spiegels kann auch mit einer Videokamera gearbeitet werden.

4.6.3 Grimassenschneiden

Einer zieht eine Grimasse, die anderen im Kreis ahmen sie entweder nach oder spielen ihr Gegenteil (lachend – weinend, verschlafen – hellwach, ängstlich – mutig). Es kann auch einer eine Stimmung vorgeben und die Gruppe spielt sie nach oder positioniert sich dazu mit einer eigenen Mimik.

4.6.4 Requisitenkiste

Eine Requisitenkiste mit Brillen, Hüten, Bärten, Perücken wird als Experimentierbaukasten zusammengestellt. Mit Digitalaufnahmen oder Camcorder werden Experimente damit dokumentiert oder mit einem Computerprogramm weiter verarbeitet zu einer Powerpoint-Animation, einer Fotostory oder einem Filmclip zu einer biblischen Szene. Auch hier gilt der Grundsatz: Kleine Experimente und leistbare Handlungsziele sind wertvoller für die Teilnehmerinnen als zu viel Regievorgaben und zu hohe Ansprüche. Wir arbeiten für uns, zu unserer Freude – nicht für ein Publikum.

4.6.5 Mimik erraten

Einer denkt sich eine Emotion aus oder zieht eine Impulskarte mit gefühlsstarken Begriffen (knallhart, supercool, ausgeflippt, überdreht …) und stellt sie mimisch möglichst stimmig dar, bis die anderen die Bedeutung herausfinden.

4.6.6 Gegenstimmungen

Alle stehen sich paarweise gegenüber. Die Ältere beginnt und drückt mit einem markanten Gesichtausdruck eine Stimmung aus – das Gegenüber spiegelt ihn zuerst einen Augenblick und wechselt dann in die Gegenstimmung über. Mehrfach ohne Unterbrechung wechseln!

4.6.7 Masken

Hier sind verschiedene Techniken möglich: Aus einem Pappteller, Gipsbinden (Apotheke), Pappmaché oder Modelliermasse wird eine Grundform vorbereitet, die dann nach Belieben angemalt und drapiert wird. Dabei ist es leichter, zunächst keine biblischen Helden vor Augen zu haben, sondern Fantasiemasken zu kreieren und eigene Geschichten damit zu spielen. Später können diese Masken dann zur Auswahl gestellt werden für biblische Figuren: Welche unserer Masken passt am ehesten zu wem?

4.6.8 Schminken

Wir schminken uns gegenseitig und experimentieren mit »Gesichtslandschaften«, alt, jung, männlich, weiblich, ein Tier oder abstrakt, greifen hier und da zusätzlich in die Requistenkiste (Brille, Clownsnase …). Später versuchen wir uns an biblischen Charakterköpfen.

4.6.9 Schmink-Material

Neben Lidschatten und Kajal geht es am besten mit professioneller Theaterschminke. Die gibt es in allen möglichen Farben in Spiel-, Jonglier- und Bastelgeschäften. Für weniger Anspruchsvolle reicht am Anfang auch normales Make-up, vielleicht ergänzt um extravagante Farben oder Angebote aus der Karnevalstruhe.
Man unterscheidet zwischen Fett- und Wasserschminke. Wasserschminke ist für

den Anfang besser geeignet, sie kann im Prinzip genauso verwendet werden wie Wasserfarben und lässt sich problemlos mischen, so dass schon wenige Farben ausreichen. Neben den Grundfarben Schwarz und Weiß ist auch ein Braunton zu empfehlen. Sie ist vor allem für großflächigere Grundierungen notwendig. Fettschminken sind notwendig, wenn man Gesichtslinien verwischen will.
Außerdem benötigt man ein paar möglichst feinporige Make-up-Schwämmchen sowie ein kleines Pinselsortiment unterschiedlicher Breite und Borstenstärke. Hilfreich sind außerdem Wattestäbchen, die u.a. kleinere Reparaturen beheben helfen. Ein spezieller Stoppelschwamm ermöglicht Strukturen und Barteffekte.
Für längeren Halt sollte die Maske mit transparentem Puder fixiert werden. Den Puder dazu mit einer Puderquaste dick auftragen und Reste mit einem Pinsel abbürsten. Das Reinigen der Gesichter danach geht am schnellsten mit handelsüblichen feuchten Reinigungstüchern.

4.6.10 Schminktipps

Die Grundierung: Zuerst wird das Gesicht mit Wasserschminke oder Make-up grundiert. Hierzu gibt es spezielle Stifte, die mit einem feuchten Schwamm aufgetragen werden, aber auch nicht-flüssiges Cake-Make-up eignet sich dafür. Der Farbton sollte nur minimal dunkler als die Hautfarbe sein. Bei Alt-Masken wählt man die Grundierung heller. Dabei immer von innen nach außen arbeiten, die Augenpartien mit der Restfarbe im Schwamm leicht abdecken.
Die Augenpartie kann etwas mit schwarzem Kajal betont werden. Fröhlich wirkt ein Gesicht mit hellem Augenlid bei eingedunkelter Lidfalte. Dunkle Lidfarbe stimmt ein Gesicht traurig. Dabei sollte aber immer ein Stück zwischen Lid und Braue hell bleiben. Beim unteren Lidstrich und Auftragen von Wimperntusche soll das »Schminkopfer« nach oben auf einen festen Punkt schauen.
Die Augenbrauen prägen das Gesicht entscheidend. Man kann sie mit Wasserschminke betonen und nach oben mit kleinen schrägen Strichen ausfransen, die natürliche Braue mit Schminke abdecken und oberhalb eine komplett neue Brauenform malen, sie z.B. für ein grimmiges Gesicht schräg in Richtung Nasenwurzel abfallen lassen.
Die Wange kann man mit Rouge hervorheben. Helle Farben (rosa oder rot) für junge, freundliche Gesichter, dunklere Farben (braun) für traurige oder matte Gesichter werden vom Ohr aus mit einem breiten Rougepinsel unter dem Jochbein schräg abfallend bis zur Augenmitte aufgetragen. Dabei lässt sich die Intensität steigern, indem man zunächst nur wenig Farbe nimmt, und dann übergangslos abgestuft mehrere Schichten aufträgt.

Stark stilisierte Gesichter entstehen, wenn man Formen oder Muster mit einem Pinsel aufträgt. Hierzu wird eine vorgezeichnete Kontur mit Farbe ausgefüllt.
Die Lippen lassen sich über die natürliche Kontur hinaus übermalen. Dazu erst die Konturen vorzeichnen und dann ausfüllen. Um strenge, schmalere Lippen auftragen zu können, werden sie vorher in der Gesichtsfarbe übergrundiert. Den Mund dabei ganz locker geschlossen halten. Anspannen der Lippen hilft nicht – es verzerren sich nur die Konturen. Für Zahnlücken gibt es speziellen Zahnlack, der sich mit Alkohol wieder entfernen lässt.
Alt wirken Gesichter, wenn man die natürlichen Falten feinstrichig mit brauner oder grauer Fettschminke betont oder mit einem braunen Kajal nachzieht und verwischt. Die Schläfen werden leicht eingefärbt. Zwei parallele Linien in Verlängerung der Augenbraue rechts und links entlang des Nasenbeins bis auf Höhe der Nasenflügel lassen die Nase kantig erscheinen. Das innere Augenlid an der tiefsten Stelle dunkel schminken. Alle Linien gut verwischen. Auf Stellen, die optisch hervortreten sollen, weiße oder beige Fettschminke-Tupfer setzen und diese gut verwischen. Augenbrauen, Haare und Bärte kann man einfach mit Wasserschminke weiß tönen. Die Wangen unterhalb des Jochbeins dunkel abschattieren. Ein dunkelroter Lidstrich unter den Augen, vorsichtig verwischt, wirkt kränkelnd.
Ein strenges Gesicht entsteht, wenn die tiefer liegenden Gesichtspartien, etwa die Schläfen, die beiden Mundwinkel oder die kleinen Fältchen von den inneren Brauenenden zur Stirn hin dunkel nachgezogen werden.
Ein trauriger Ausdruck wird erreicht, wenn die Mundwinkel nach unten verlängert werden, z. B. mit brauner Fettschminke und einem Pinsel.

4.6.11 Mut zur Maskerade

Nach ersten Erfahrungen mit dem Material kann man der Kreativität freien Lauf lassen. Grenzen sind nur in der Geduld des »Schminkopfers« gesetzt. Am besten entwirft man vorher die Maske auf dem Papier, um Schminkmaterial und Nerven zu schonen. Das geht sehr gut mit Lidschatten und Applikatoren. Auch hier beginnt man zunächst mit reinen Fantasie-Kreationen, bevor anspruchsvolle Bibelcharaktere zur Aufgabe gestellt werden.

4.6.12 Biblische Figuren

Aufbauend auf die Erzählarbeit wählt jede eine biblische Gestalt aus. Dann macht sie sich mit dieser Person und ihrem Profil vertraut, indem sie ihre Geschichte in der Bibel nachschlägt. Mit Bleistift, Fingerfarben oder Wachsstiften legt sie zuerst grob den Gesichtsumfang fest (oval, eckig, breit oder schmal), dann Haaransatz und Frisur, Augen und Nase, Ohren und Mund. Nichts spricht dagegen, abstrakt zu bleiben. Aus dem gemalten Entwurf kann eine Maske werden, die mit fantasievollen Farbtupfern, Flächen, Streifen, Punkten, Perlen, Watte, Kreppkügelchen oder Wollfäden gestaltet wird.

Oder wir greifen zu Modelliermasse, Pappmaché, Gips oder Ton, modellieren Reliefs, Büsten, Figuren oder ganze Schaufensterpuppen, die wie Krippenfiguren aufgestellt werden.

Beeindruckend ist es, wenn wir uns gegenseitig entsprechend unseren Vorstellungen fantasievoll als Bibelgestalt schminken und dadurch unmittelbar in ein biblische Szenenspiel oder Improvisationstheater übergehen. Ein einfacher Umhang kann als Kostüm dienen.

4.6.13 Gruppenbild

Die so Geschminkten oder mit Masken Verkleideten treffen sich an einem – vielleicht biblischen – Ort: vor der Synagoge, am See Genezareth zu einer Bootsfahrt, als Gäste an einer Hochzeitstafel, auf dem Trödelmarkt vor dem Tempel. Dort kommen sie miteinander ins Gespräch, der Hoffotograf macht ein Gruppenbild, oder sie bilden eine stumme Figurengruppe wie Schaufensterpuppen.

Kopiervorlage zu 4.6.12 (vergrößern!): Biblische Figuren zum Ausmalen

4.7 Visualisieren

Intention: Die Handlungsträger einer biblischen Geschichte werden während des Erzählvortrages mit einfachen Skizzen an der Tafel oder mit einem Tageslichtschreiber visualisiert und ihre Beziehungen untereinander dargestellt.

4.7.1 Legematerial

Die einfachste Art, eine Geschichte anschaulich zu erzählen, sind Legematerialien. Ringe, halbierte Tennisbälle, Holzklötzchen, Steine, Tücher, Naturprodukte oder auch ausgeschnittene Pappfiguren werden in einem Bodenbild positioniert, verlebendigen die Erzähllandschaft und verdeutlichen die Beziehungen der Personen untereinander im Verlauf der Geschichte: Die Jünger umringen Jesus, Zachäus steht noch abseits. Jesus wendet sich dann dem Außenseiter zu. Eine kleine Material-Box ist schnell zusammengestellt: Unterlegscheiben, Ringe, Plättchen, Schrauben, Haken oder Spielpüppchen auf einem Tageslichtschreiber wirken sehr eindrucksvoll.

Das Material animiert Kinder gleichzeitig dazu, mit seiner Hilfe eine Geschichte nachzuerzählen oder neu zu erfinden. Beim Erzählen richtet sich das Augenmerk auf die Bilder, die Erzählerin tritt aus dem hemmenden Rampenlicht. Die Fantasie wird bei Erzählerinnen wie Publikum angeregt. Die Bildkonstellationen prägen sich nachhaltig ein. Ratsam ist, mit sehr reduzierten Darstellungsmitteln zu arbeiten und der Fantasie große Freiheit zur Entfaltung zu lassen.

4.7.2 Symbolisieren

Die Legematerialien können natürlich auch symbolische Anspielungen liefern, z. B. ein Gänseblümchen für Jesus, ein verbogener Nagel für die gekrümmte Frau, ein Haken als Hirtenstab, eine Büroklammer für einen Staatsdiener, ein Stern für den Propheten, eine bunte Murmel für den reichen Mann.

4.7.3 Zeitungsrisse

Aus einem Stück Zeitungspapier wird eine Figur gerissen, die auf dem Tageslichtschreiber seltsame Schatten und Silhouetten ergibt.

4.7.4 Typisieren

»Der Mond ist rund, er hat zwei Augen, Nas' und Mund!« Dieses einfache Gesichtsspiel ist schon den Kleinsten im Kindergarten bekannt. Die Mundlinie wird dann zu einem einfachen Stimmungsbarometer für die Hauptperson in einer Geschichte: Zachäus kann wieder lachen!

4.7.5 Figurieren

Aus einem einfachen Smiley kann man mit wenigen Strichen eine Figur machen, indem man mit einem langen, schmalen Bogen einen Körper andeutet, die Arme und Beine durch Striche markiert und Hirtenstab usw. hinzufügt. Ein Schäfchen kann man schnell aus zwei Kreisen und vier Strichen zeichnen.

4.7.6 Sprechzeichnen

Mit etwas Übung gelingt es jedem, während des Erzählens mit einfachen Linien kleine Illustrationen zu fertigen. Zur Not können auch vorgefertigte Bilder aufgeblättert werden, um die Erzählung anschaulich zu machen. Natürlich ist eine Kombination von Zeichnungen und Legematerial möglich. Sie bilden die Basis für die Entwicklung von Comics und einfachen Bildergeschichten.

4.8 Bildergeschichten

Intention: Eine biblische Geschichte wird als Bildergeschichte gestaltet, um die Personen, ihre Beziehungen und die Handlungsfolge besser zu erfassen und mit der eigenen Gestaltungsfreude zu verknüpfen.

4.8.1 Bibelbilderbücher

Ein Bibelbilderbuch wird als Kniebuch oder von Lichtbildern begleitet erzählt. Dann werden die Bilder oder Textabschnitte als (vergrößerte) Kopien verteilt, so dass jede eine Szene ausmalen oder frei zum Text gestalten kann. Am Ende wird die Geschichte noch einmal anhand der Bilder frei nacherzählt.

4.8.2 Schmuckseite

Der Bibeltext wird als Schmuckseite auf pergamentartigem Papier aufgeschrieben, verziert und mit kleinen Bildern illustriert. Abbildungen von echter Miniaturmalerei aus alten Bibelhandschriften können als Vorbilder dienen und die Fantasie anregen. Goldstifte (Bürobedarf/Bastelgeschäft) geben dem Bild eine besondere Aura. Der Anfangsbuchstaben (Majuskel) einer Seite wird besonders groß und schön gestaltet.

4.8.3 Comic

Reizvoll ist es vor allem für Jugendliche, die erarbeitete Bibelgeschichte in eine aktualisierte Comic-Form zu übertragen, z.B. das Gleichnis vom Schalksknecht (Mt 18,23–35). Kurze Bildfolgen sind großen Werken vorzuziehen. Sie können Vorlage für eine Spielszene oder einen kurzen Filmspot werden. Dabei lassen sich die Figuren durchaus als schlichte Strichmännchen, grobe Silhouetten oder gestempelte Formen darstellen, etwa mit dem eigenen Fingerabdruck oder als Kartoffel- oder Stempeldruck von originellen Gegenständen mit einfachen Flächenmustern, in die nur noch Gesichtszüge gemalt werden müssen (Blätter, Korken, Ringe, Gefäße).

Aus: Georg Baudler, Religiöse Erziehung heute, Paderborn 1979, S. 128

4.8.4 Streichholzschachtel-Story

Jede Teilnehmerin wählt eine Szene einer Bibelgeschichte aus und gestaltet dazu ein Mini-Bild auf dem Boden einer kleinen Streichholzschachtel-Lade. Unterschiedliche Maltechniken sind denkbar: Bunststifte, Wasserfarben (dünne Pinsel bereitstellen) oder auch Federzeichnungen mit Tusche. Man kann eine Bildunterschrift dazu schreiben oder die Bibeltextpassage zum Bild aus einer verkleinerten Kopie ausschneiden und außen auf die Schachtel kleben. Am Ende fügen sich die einzelnen Streichholzschachteln zu einer Bildergeschichte im Kleinformat auf einer Stofflitze oder einem Brettchen auseinander.

4.8.5 Foto/Film

Mit einer Digitalkamera fotografiert oder filmt man die Bilder zu einer Bibelgeschichte ab, so dass die Bildfolge später projiziert und nacherzählt werden kann. Dazu lässt sich eine Klangkulisse oder ein Hörspiel entwickeln (vgl. 3.8). Auch der umgekehrte Weg ist möglich: Zu einem Bibelhörspiel werden die fehlenden Bilder gemalt und am Ende synchron gezeigt. Dabei lassen sich Einzelbilder leichter zeitlich an die Szenenlänge der Hörspielvorgabe anpassen als Filmsequenzen. Wer sich mit Power-Point o. ä. auskennt, wird sicher weitere Möglichkeiten nutzen können.

4.8.6 Fotostory

Digitalbilder von gestellten Szenen können kostengünstig zu kleinen Fotostories nach dem Vorbild von Jugendzeitschriften zusammengestellt werden. Die kleinen Bilderfolgen werden dann am Computer mit Sprechblasen versehen wie beim Comic.

4.8.7 Video-Clip

Von der Fotostory ist es nicht weit zum kleinen biblischen Video-Clip. Hier sind der Fantasie keine Grenzen gesetzt und auch die Technik ist inzwischen so bedienungsfreundlich, dass mit wenig Aufwand recht gute Ergebnisse erzielt werden können, wenn der Anspruch nicht zu hoch angesetzt wird. Ein Nachvertonen und komplizierter Filmschnitt sollte wirklichen Spezialisten überlassen bleiben. Es reicht, wenn man eine Szenenfolge »live« mitschneidet. In jedem Fall aber ein Kamerastativ benutzen!

4.9 Projekt »Noah und die Arche«

Intention: Eine biblische Geschichte wird als Bildergeschichte gestaltet und mit Lied und Klang für ein großes Publikum inszeniert. Als Beispiel dient die Noahgeschichte (Gen 6,13ff.). Ein Kommunionkindertag oder eine Bibelwoche können genutzt werden, um die Geschichte zu erarbeiten und dann Teilaufgaben in Gruppen vorzubereiten, um sie am Ende in einer großen Aufführung zusammenfließen zu lassen.

4.9.1 Erzählgruppe

Sie fühlt sich verantwortlich für den Erzählvortrag der Bibelgeschichte und der Sprechtexte. Sie bereitet sich entsprechend umfangreich darauf vor. Sie hält Kontakt mit der Malgruppe, damit Text und Bild synchronisiert sind.

4.9.2 Malgruppe

Zu den einzelnen Motiven werden mit unterschiedlichen Techniken Bilder gestaltet, die später im Plenum zur Erzählung als Großbilder gezeigt, als Folienbilder oder mit Diaprojektor oder Beamer auf eine Leinwand projiziert oder im kleinen Kreis in der Kreismitte aneinandergelegt werden können.

4.9.3 Chor/Musikgruppe/Rhythmusgruppe

Mit einfachen Klang- und Rhythmusinstrumenten oder auch üppig mit einer Instrumentalgruppe werden der Rap und die anderen Lieder des Singspiels erarbeitet. Die Lieder des Singspiels werden von einer Gesangsgruppe einstudiert, die später auch den Liedvortrag zur Instrumentalgruppe übernimmt. Je nach Teilnehmerzahl können auch mehrere Parts der Vorbereitung von einer Gruppe über einen längeren Zeitraum nacheinander erarbeitet werden.

4.9.4 Tanzgruppe

Eine Gruppe entwickelt zum Regenbogenlied einen Gruppentanz und studiert ihn ein. Einfache Tanzrequisiten werden gestaltet (Regenbogenbänder, Haarschmuck, Umhänge oder T-Shirts …).

4.9.5 Gottesdienstgruppe

Wird die Aufführung als Lesung in einem Gottesdienst etwa am Ende einer Bibelwoche geplant, können sich weitere Teilgruppen bilden, um Elemente des Gottesdienstes vom Altarschmuck bis zur Fürbitte thematisch auszugestalten und entsprechend vorzubereiten: wie Noah einen Dankaltar bauen, ein Altartuch malen, einen großen Regenbogen errichten, den Raum herrichten, Lieder aussuchen, Gebete schreiben, Regenbogen-Armbändchen als Segensgruß und Erinnerungsgeschenk für die Gemeinde flechten …

4.9.6 Spielstück

Ein ganzheitlicher Zugang zur biblischen Geschichte von Noah und der Arche soll als Beispiel vorgestellt werden und zu eigener Kreativität anregen: Das eigentliche Spielstück dient als Handlungsziel und verbindende Klammer. Es bildet die Grundlage für die Aktivitäten der einzelnen Gruppen. Sicher sind Variationen und Abwandlungen denkbar und steigern die Motivationen der Teilnehmer und Gruppenleiter.
Die zu dem Bibeltext oder den Liedern gemalten Bilder werden während des Spiels gezeigt. Wem Bildideen fehlen, der kann auch auf Bibelbilderbücher zum Thema zurückgreifen, die es mit Folien oder Dias in Mediotheken auszuleihen gibt, sie als Hintergrundbilder bei der ersten Vorstellung der Bibelgeschichte nutzen, als Illustration bei der abschließenden Präsentation einblenden und um eigene Bildprodukte der Teilnehmer bereichern.
Die Lieder sind natürlich vor allem bei großem Publikum wichtig, um alle möglichst vielseitig und aktiv mit einzubinden und den Erlebniswert zu steigern. Doch auch wenn es nicht möglich ist, die Liedideen zu realisieren, kann man die Texte im Sprechchor gemeinsam oder im Wechsel lesen und andere, bekannte Lieder einfügen.

4.9.7 Im Meer der Angst nicht untergehn: Eine sang- und klangvolle Geschichte von Noah und der Arche

Prolog

Der Prolog wird als Sprechmotette gestaltet. Er beginnt mit einer Wortcollage aus vielen Stimmen, Wiederholungs- und Nachhalleffekten, die am Ende in einen Sprechrhythmus übergehen. Dazu kann eine Klangfläche mit Perkussionsinstrumenten, chorischen Sphärenklängen oder Synthesizereffekten unterlegt werden.

Sprecher:
Eine uralte Geschichte – hochaktuell: der Kampf ums Überleben. Was damals galt, gilt auch für uns: Sein oder nicht sein – das ist hier die Frage.

Viele Stimmen:
im geordneten Durcheinander mit Wiederholungen

Die letzten Paradiese – bedrohte Pflanzen- und Tierarten – Tierversuche – Genforschung – abgeholzte Regenwälder – Waldbrände – Ausbeutung der Rohstoffe der Erde – versiegende Ölquellen – Atomkatastrophen – Ölpest – Luftverschmutzung – Müllberge – Schlammteiche – Schrotthalden – Betonwüsten – Dioxinverpestung – AIDS – Fleischskandal – Rinderwahn – Ozonloch – Pestizide – Erdbeben – Hunger – Kriege – Vertreibung – Völkermord – Massenflucht – Erwärmung der Atmosphäre – Hurrikane – Feinstaubalarm – sterbende Gletscher – Abtauen der polaren Eismassen – Jahrhunderthochwasser – Tsunami-Katastrophen

Sprechkanon

Jetzt werden die Zuhörerinnen im Sprechkanon mit einbezogen.

Zählzeit:	1	*und*	2	*und*	3	*und*	4	*und*
1. Gruppe	Mord	und	Tot-	schlag,	Zank	und	Streit,	–
	Krieg,	Ver-	wüs-	tung,	Hass	und	Neid,	–
	Pan-	zer,	Bom-	ben,	Tod	und	Leid,	–
	Trau-	er,	Trä-	nen,	Bit-	ter-	keit,	–

2. Gruppe	Wie	du	mir,	–	so	ich	dir!	–
	Komm	nur	her,	ich	zeig	es	dir!	–
	Aug’	um	Au-	ge,	Zahn	um	Zahn!	–
	Der	hat	mir	auch	weh	ge-	tan!	–
3. Gruppe	Los,	–	–	zieh	Lei-	ne!	–	Was
	willst	–	du	–	hier?	–	–	–
	Mensch	–	–	hau	ab!	–	–	Ich
	spie-	le	nicht	mit	dir!	–	–	–
4. Gruppe	Ich	mach’	nur	was	mir	ge-	fällt!	Was
	küm-	mert	mich	der	Rest	der	Welt?	Was
	ge-	hen	mich	die	An-	dern	an?	–
	Nach	mir die	Sint-	flut!	Mann-	o-	mann!	–

Der Text wird zuerst gruppenweise nacheinander im Sprechchor rhythmisch, mit auf- und abschwellender Lautstärke gesprochen, dann setzen wie beim Kanon die einzelnen Stimmen taktversetzt ein. Am Ende setzt eine Gruppe nach der anderen wieder aus, bis alles im lauten Knall endet: »Nach mir die Sintflut! – Mannomann!« – kräftiger Tusch – Stille.

Schriftwort: Gen 6,13–22

Noahs Traum weckt auf!

Nicht alle sind blind für das, worauf es ankommt. Einer versteht die Zeichen der Zeit: Noah! Er verschließt die Augen nicht vor der Zukunft, er hat ein waches Ohr für Gottes Wort. Ihm steht es klar vor Augen, was andern im Traum nicht einfallen würde: Er sieht, wohin das eigensüchtige Leben der Menschen führt. Er weiß, dass die ganze Schöpfung bedroht ist. Er merkt, wie gefährlich die Entwicklung vorantreibt. Er hört, was Gott ihm zu sagen hat: Noah! Wach auf, pack an, es ist höchste Zeit zu handeln! Bau eine rettende Arche für Mensch und Tier! Sonst ist alles verloren. Du bist meine letzte Hoffnung!

Lied: Im Meer der Angst

T/M/©: W. Gies

Schriftwort: Gen 7,1–7

Noahs Traum bekommt Hand und Fuß

Noah macht Nägel mit Köpfen. Ein Boot soll es werden, das über Wasser hält. Ein Boot, das Platz hat für alle. Ein Boot, das trägt durch alle Not. Bevor den Menschen die Probleme über den Kopf steigen, bevor die Flut sie alle mitreißt, bevor es zu spät ist, verlässt Noah sich ganz auf Gottes Wort und baut vor:

Lied: Noah lädt sie alle ein

T/M/©: W. Gies

2. Braun-, Ameisen-, Pandabären: Kommt in meine Arche rein!
Biber, Sperber und Eisbären: Kommt in meine Arche rein.
Löwe, Tiger, Leopard – Puma, Panter und Gepard.
Jaguar und Leguan – Pinguin und Pavian.

3. Eichhorn, Eichkatz, Eichelhäher: Kommt in meine Arche rein!
Nashorn und der Nasenbär: Kommt in meine Arche rein!
Grizzly, Grille und Bazille, auch die Schlange mit der Brille.
Wüstenfuchs und Dromedar, selbst Giraffen sind schon da!

4. Kondor, Adler, Albatros: Kommt in meine Arche rein!
Tapir und Rhinozeros: Kommt in meine Arche rein!
Gürtel-, Stink- und Trampeltier, Moschus, Maul- und Murmeltier:
Geier, Wolf, Schakal, Hyäne fletschen hungrig schon die Zähne.

5. Rebhuhn, Reblaus und Reptil: Kommt in meine Arche rein!
Rehbock und das Pferd vom Nil: Kommt in meine Arche rein!
Calamari und Kaimane, Kormoran und Pelikane,
Kamel und Chamäleon laufen vor der Flut davon.

6. Antilope, Strauß und Schnecke: Kommt in meine Arche rein!
Schwan, Flamingo, Kranich, Zecke: Kommt in meine Arche rein!
Amsel, Drossel, Fink und Star und die ganze Vogelschar,
Klapperstorch und Klapperschlange, um die Arche wird mir bange.

7. Anakonda, Ringelnatter: Kommt in meine Arche rein!
Omas Gänse mit Geschnatter: Kommt in meine Arche rein!
Menschenaffe kommt mit Frau, das Eberschwein mit seiner Sau.
Plötzlich wird es sehr riskant, denn es naht der Elefant.

8. Silberfisch und Goldfasan: Kommt in meine Arche rein!
Auerochs und Auerhahn: Kommt in meine Arche rein!
Kakerlak und Kakadu, Kuckuck und das Känguru,
Uhu, Gnu und Marabu; Noah schließt die Tore zu.

Schriftwort: Gen 7,7–16

Noahs Glaube trägt

Noahs Glaube trägt, gerade in Zeiten großer Bedrängnis. Im Vertrauen auf Gott hält er das aus, hält er das durch. Und wenn die ganze Welt zusammenbricht, ich vergesse dich nicht! Das ist Noahs fester Gottesglaube. Das ist seine Überlebensstrategie. Das ist seine Rettung!

Lied: Die große Flut

T/M/©: W. Gies

Bibeltext und Strophen werden abwechselnd gesungen bzw. gelesen. Der Umfang des Textes sollte dem Alter der Teilnehmerinnen angepasst werden.
Das Bild kann gezeigt werden, um den Bibeltext anschaulich zu machen.

Schriftwort: Gen 7,17–24

2. Ein Regen wie aus Eimern goss, der kleine Bach schwoll an zum Fluss.
Landauf, landab, kein trockner Fuß, das Wasser in die Häuser floss.
O Gott, mein Herr, erbarme dich, lass uns doch nicht im Stich!
Die Arche wird emporgehoben, sie schaukelt ziemlich auf den Wogen.
Da drinnen ist zwar wenig Licht, doch Gott sei Dank, der Kahn hält dicht.
O Gott, mein Herr, erbarme dich, lass uns doch nicht im Stich!

Schriftwort: Gen 8,1–12

3. Wo einst die Stadt war, steht nichts mehr, soweit das Auge reicht: nur Meer.
Selbst Noah wird es langsam bang; der Vorrat hält nun nicht mehr lang.
O Gott, mein Herr, erbarme dich, lass uns doch nicht im Stich!
Die Ratte mit der Kette rattert, die Klapperschlange hungrig klappert,
Das Maultier mault, das Stinktier stinkt, der Ochse schon vor Hunger hinkt.
O Gott, mein Herr, erbarme dich, lass uns doch nicht im Stich!

Schriftwort: Gen 8,15–22

4. Nach vierzig langen, bangen Tagen knurrt allen langsam laut der Magen.
Der Regen hat wohl nachgelassen. Noah kann es gar nicht fassen.
O Gott, mein Herr, erbarme dich, lass uns doch nicht im Stich!
Dann endlich ruft er:»Land! Hurra! Seht doch den Regenbogen da!«
Die dunklen Wolken ziehen fort, bald gehen alle froh von Bord.
O Gott, mein Herr, erbarme dich, lass uns doch nicht im Stich!

Schriftwort: Gen 9,1.12–17

Land in Sicht!

Gott sei Dank! Neues Land in Sicht! Unter dem Regenbogen beginnt Gottes Schöpfung noch einmal ganz neu. Unter dem Regenbogen nimmt alles einen neuen Anfang. Unter dem Regenbogen stehen Menschen Hand in Hand. Ein neuer Anfang, neues Leben, ein neuer Bund unter Gottes Segen.

Lied: Tanz unter dem Regenbogen

T/M/©: W. Gies

Nie wieder die Schöpfung aufs Spiel setzen. Nie wieder vergessen, welch großes Geschenk unsere Welt, Gottes Schöpfung ist. Diese Schöpfung ist unsere Aufgabe – um Gottes Willen!

4.10 Puppenspiel

Intention: Das Puppenspiel soll helfen, sich mit Handlungsträgern zu identifizieren. Dabei bleibt der Spieler hinter der Spielpuppe geschützt. Die Szenerie wird anschaulich, überschaubar und lebendig.

4.10.1 Darf ich mich vorstellen?

Eine Spielpuppe wandert im Erzählkreis herum. Jede, die sie in die Hand nimmt, erfindet Eigenschaften oder Fähigkeiten, Anekdoten oder Geheimnisvolles von ihr, so dass sich die Puppe am Ende als charaktervolle Puppenpersönlichkeit entpuppt.

4.10.2 Stegreifszenen

Ein Puppenensemble, das von der Gruppe gestaltet wurde, wird einladend aufgestellt. Daraus wählt sich jeder eine Figur und freundet sich mit ihr an: Sie braucht einen Namen, eine Stimme, einen eigenwilligen Charakter, eine Rolle und originelle Marotten, ein eingeübtes Bewegungsrepertoire. Reihum stellt dann jeder seine Figur den anderen vor, kommt mit anderen Puppen ins Gespräch und entdeckt dabei Sympathien und Abneigungen. Daraus entsteht eine erste kleine improvisierte Szene oder Geschichte. Dann ziehen sich je zwei bis drei Spieler zurück und üben eine kleine Spielszene ein, die am Ende auf der Puppenbühne vorgespielt wird.

4.10.3 Socken- oder Handschuhpuppe

Alte Socken, weiße Handschuhe oder Gummihandschuhe lassen sich mit breiten Filzstiften mit wenigen Strichen bemalen, mit Stoffresten oder Wollfäden bekleben. Man kann Vorder- und Rückseite nutzen, etwa für ein fröhliches und ein trauriges Gesicht; nimmt man die zweite Hand dazu, hat man gar vier Gesichter parat.

4.10.4 Stabpuppen

Auf ein Briefkuvert wird ein Gesicht bis zum Halsansatz gemalt. In die kurze aufgeschnittene Seite schiebt man eine Fliegenklatsche und fertig ist die Stabpuppe. Hier stehen zwei Seiten zur Verfügung. Die Gesichter lassen sich blitzschnell wechseln. Auf Holzlöffel können mit Wachsfarben Gesichter gezaubert werden. Das Gitter einer Fliegenpatsche lässt sich mit einem Gesicht besticken.

4.10.5 Ballon-Köpfe

Reizvoll wirken auch Köpfe aus Luftballons. Man zieht sie mit einem Faden auf eine Pappröhre und klemmt den Faden am unteren Rand in einem kleinen Einschnitt fest.

4.10.6 Handpuppen

Mit Pappmaché oder Gipsbinden lassen sich fantasievolle Handpuppen gestalten. Wer Arbeit sparen will, kann einfach einen alten Damenstrumpf in mehreren Lagen um den Kopf einer üblichen Kasperlepuppe wickeln, bis das alte Gesicht nicht mehr durchscheint, dann mit Nadel und Faden und Stoffresten ein neues Gesicht gestalten. So bleibt der Rumpf erhalten.

4.10.7 Symbolfiguren

Schnell zu realisieren und doch wirkungsvoll sind Symbolfiguren: Eine Rose, ein Stein, ein Nudelholz oder ein Herz auf Draht, eine Minigeige oder ein Plüschtier, ein Weinglas oder ein Blindenstock. Schon kann eine Spielerin damit eine Szene improvisieren. Wenn ein schwarzes Tuch über die Hand geworfen wird, wirkt das Symbol noch intensiver.

4.10.8 Marionetten

Echte Marionetten lassen sich nur mit viel Übung angemessen auf einer Puppenbühne bewegen. Originell und schnell zu fertigen ist allenfalls eine Stoffmarionette. Dazu wird der Zipfel eines leichten Seiden- oder Tülltuchs an einen Faden gehängt. Die beiden Nachbarecken werden als Hände abgebunden. Tuchmarionetten sind auch geeignet für Schattenspiele.

4.10.9 Silhouetten

Aus einem Bibelbilderbuch wird eine Figur kopiert oder abgepaust, ausgemalt und auf eine feste Pappe geklebt, dann als Silhouettenfigur ausgeschnitten. Schöner ist es, nach der eigenen Fantasie Figuren auf Pappe zu malen und daraus eine Stabpuppe zu basteln. Diese Figuren lassen sich auch in eine Guckkastenbühne oder Erzähllandschaft stellen.

4.10.10 Freihand-Puppenspiel

Ein Erzählvortrag wirkt lebendiger mit einer Hand- oder Stabpuppe. So wird der Vortrag mit wenig Aufwand anschaulich, es wird eine besondere Nähe zum Publikum hergestellt und die Spieler sind variabel und frei in ihren Bewegungen im Kreis. Die Puppe braucht aber ein Haus: einen Koffer, aus dem sie steigt, ein Buch, hinter dem sie vorsichtig hervorlugt oder ein Stoffsack, aus dem sie gekrabbelt kommt, um am Ende wieder darin zu verschwinden.

4.10.11 Guckkasten

Ein stabiler Karton wird durch eine ausgeschnittene Frontseite (wie Fernsehrahmen ohne Dach) zu einem kleinen Stäbchentheater gestaltet. Die Puppen können von oben an Stäben geführt, als kleine Marionetten an Fäden bewegt oder seitwärts an Holzleisten eingeschoben werden. Ein Hintergrundbild kann ergänzt oder auch variabel gestaltet werden etwa auf einer Tapetenrolle, die von Szene zu Szene abgewickelt wird. Kleine Kulissen sind ebenfalls denkbar. Der Guckkasten kann später als Schaukasten ausgestellt werden. So könnten zum Beispiel die Geschichten von Jesus von der Geburt bis zum Ostermorgen das ganze Jahr über aufgearbeitet und chronologisch nebeneinander jeweils in einem Guckkasten aufgestellt bzw. an geeigneter Stelle aufgehängt werden, ähnlich einem Märchenwald oder dem Kreuzweg in der Kirche.

4.10.12 Das Kamishibai-Erzähltheater

Diese Form des Theaters stammt aus Japan und gilt als Vorläufer des Fernsehers. Dabei werden selbstgemalte Bilder während des Erzählvortrages in einen Bilderrahmen geschoben, der wie ein Bildschirm die Frontseite eines großen Holzkastens bildet. Eventuell kann man die Bilder von hinten beleuchten. Der Vorteil ist, dass schon Kindergartenkinder so ihre kleinen Bildergeschichten ausgestalten und vortragen können. Der Bildwechsel wird erleichtert, wenn man die einzelnen Szenenbilder auf eine Tapete malt oder auf eine Butterbrotpapierrolle klebt und wie einen Film abspult.

4.10.13 Stockbühne

Zwischen zwei stabilen Kartenständern wird quer ein Kantholz befestigt, so dass die Spielerinnen darunter bequem aufrecht stehen können. Ein großes Tuch wird darüber geworfen, hinter dem sich die Spielerinnen verbergen. Gespielt wird dann über Kopf, so dass nur die Puppen zu sehen sind. Bewegungen müssen untereinander gut abgestimmt, auch detaillierte Körpersignale und minutiöse Gesten überlegt werden, wenn es nicht bei einem Auf- und Abtauchen und wilden Hin- und Hergewackel bleiben soll. Vor allem bei ungeübten Puppenspielerinnen sollten verschiedene Personen Sprech- bzw. Spielrollen übernehmen, so dass sich jede auf ihren Part konzentrieren kann.

4.10.14 Puppen-Theater

Bei größeren Vorhaben sollte man nicht auf eine stabile Puppenbühne verzichten, die über einen Vorhang und Beleuchtungsmöglichkeiten verfügt und auch einige technische Tricks ermöglicht wie Hintergrundprojektion, Punktstrahler, Farbeffekte und Dimmer.

4.10.15 Schattenspielwand

Für größere Schattenspielvorhaben mit Scherenschnittfiguren ist eine transparente Leinwand nötig mit genügend Projektionsabstand nach hinten, denn die Leinwand muss ganz ausgeleuchtet werden (z. B. mit einem Tageslichtprojektor). Das hat den Vorteil, dass sowohl kleine Scherenschnittfiguren an Stäbchen als auch transparente, farbige Folienbilder auf der Glasscheibe des Projektors bewegt und projiziert werden können, ohne dass die Spieler selbst gesehen werden. Der Raum sollte komplett verdunkelbar sein.

4.10.16 Bibeltheater

Das Bibelpuppenspiel muss deutlich von der Kasperlebühne unterscheidbar sein. Dazu dient eine gedeckte, in der Kirche der liturgischen Farbe angepasste Bemalung, eher einfarbige Tücher und eine schlichte Form. Optimal ist es, wenn die Kulisse gleich als biblische Landschaft erkennbar ist, z. B. ein majestätisches Stadttor, romanischer Torbogen, das flach gedeckte Haus, in das der Gelähmte von oben zu Jesus herabgelassen wird, oder ein Boot, in dem von oben an Fäden geführt Marionetten Platz nehmen.

4.10.17 Biblische Geschichten auf der Puppenbühne?

Sicher sollten die Kernthemen wie Passion und Auferstehung für die Puppenbühne mit Kindern ausgespart bleiben. Aber es gibt sehr viel Erzählstoff im AT und NT von Jona bis Johannes, der spannende Beziehungen zwischen Menschen und zeitlose Episoden thematisiert:

- Prophetenschicksale als Mahner und Tröster, Wegbereiter und Visionäre
- große und kleine Biographien von Abraham, Samuel, Tobit bis Paulus
- AT-Randgeschichten wie die vom stolzen Naaman, der geheilt wurde
- NT-Begegnungsgeschichten mit Jesus
- Handlungsgleichnisse und Streitgespräche
- Episoden aus der Apostelgeschichte
- Heiligenlegenden, in denen biblische Botschaft gelebt wird: Franziskus von Assisi zum Schöpfungsglauben etwa oder die Martinsgeschichte.

Die Auswahl wird erleichtert, wenn man Bibelbilderbücher als Vorlage nutzt.

4.10.18 Kurzgeschichten

Daneben bieten rabbinische Geschichten, Weisheiten der Chassidim, Kurzgeschichten der aktuellen Kinder- und Jugendliteratur interessanten Erzählstoff. Parallelgeschichten aus der Kinderliteratur dienen als Korrelate zur Glaubensüberlieferung. Hat nicht die Geschichte von der weisen Maus Frederick in der Erzählstruktur und den Metaphern manche Analogie zur Bergpredigt oder zur Pfingstgeschichte?

4.10.19 Geschichten, die das Leben schrieb

Überhaupt ist es ratsam, nicht immer nur biblische Geschichten 1:1 nachzuspielen, sondern nach einer Textbegegnung und Aussprache die Kreativität der Teilnehmerinnen anzuregen, nach ähnlichen Erfahrungen heute Ausschau zu halten und diese in Szene zu setzen. Man kann auch ein Rollenspiel zu einem aktuelle Thema in ein Puppenspiel übertragen. Dabei raufen sich im Puppenspiel typische Vertreter der Gesellschaft die Haare und debattieren über religiöse oder gesellschaftspolitische heiße Eisen. Oder man improvisiert eine aktuelle Problemsituation von Streit bis Drogen, die ethische oder existenzielle Fragen aufwirft. Wichtige Themen können z.B. die Goldene Regel, Zehn Gebote, Kleingläubigkeit, Hoffnungslosigkeit, Lebenssinn sein.

4.11 Spiel mit Licht und Schatten

Intention: Das Spiel mit Licht und Schatten öffnet durch seine Schemenhaftigkeit und Bildgröße Spielräume für die Fantasie und kann ein ästhetisch anspruchsvolles Darstellungsmittel besonders für transzendente Momente sein.

4.11.1 Vorübungen

Zum Aufwärmen und zum Kennenlernen der Ausdrucksmöglichkeiten darf jeder Teilnehmer allein oder mit Partner zunächst hinter der Leinwand improvisieren, was immer ihm einfällt. Dabei sollte der Abstand zur Leinwand mehrfach verändert werden, um die Effekte des vergrößerten oder unscharfen Schattenbildes auszuloten. Kleine Spielideen können durch Ideenkärtchen oder Zuruf angeregt werden: Torwart, Zauberer, Dirigentin, Tänzerin, Frisör, Gärtnerin, Bauarbeiter, Model, Luftgitarre, Monster, Affenkäfig, beim Duschen, Boxen oder Jonglieren mit einem Luftballon, Seifenblasen pusten. Einfache Requisiten schaffen verblüffende Effekte. Besondere Schattenspieltricks werden erfunden und ausprobiert. Hier kann auch mit der Verwendung von Folienbildern, Scherenschnitten, Gegenständen auf dem Projektor und dem eigenen Körperschatten experimentiert werden.
Kleine Sketche oder bekannte Bilderbuchgeschichten liefern dann das Material für erste Spielsituationen, vielleicht auch in Kombination mit Scherenschnitten als Kulisse, Folienbildern, Beamer oder Diaprojektionen im Hintergrund.

4.11.2 Schattenspiel-Improvisationen

Kinder werden meist erst im Lichtkegel hinter der Schattenspielwand erfinderisch und sollten daher eine geraume, aber auch geordnete Zeit zum Experimentieren haben: Reihum darf jede für 30–60 Sekunden eine Idee ausprobieren. Die Zuschauerinnen geben Rückmeldung oder freuen sich einfach mit der Akteurin an ihren Ideen. Das Spiel zu zweit hilft vor allem schüchternen Kindern, verlangt aber auch Einfühlungsvermögen und Reaktionsfähigkeit.
Anregend wirken dann einfachste Requisiten für je eine neue Spielrunde: ein Ball, ein Netz, eine durchsichtige Kunststoff-Flasche, ein Luftballon, Luftschlangen, lange Bänder oder Jongliertücher. Thematische Impulse für kleine Schattenspiel-Spots könnten sein: Der Zankapfel – Das kann ich auch! – Pech gehabt! – So ein Glück! – Im Urwald.

Denkbare biblische Bildszenen könnten sein: Josef in der Zisterne – ein kleines Saatkorn – der Baum des Lebens – die Taufe Jesu im Jordan – der guter Hirte – Versuchung Jesu – die schlafenden Jünger im Ölgarten.

4.11.3 Schwarzlicht-Theater

Eine mit Schwarzlicht ausgeleuchtete Bühne lässt weiße oder neonfarbige synthetische Stoffe auf der sonst dunklen Bühne isoliert hell aufleuchten. Der Elektrofachhandel oder Bühnentechniker können hier helfen. Mit weißen Handschuhen, aufgemalten reflektierenden Farbmustern oder drapierten Requisiten lassen sich mit etwas Fantasie und gemeinsamer Überlegung effektvolle Szenerien ausgestalten, die in Alltagsfantasien und Fantastereien beginnen und sich in ernsthafter Zuwendung zur Bibel fortsetzen.
Mögliche biblische Stoffe: Die Verführung unter dem Baum des Lebens, die Vertreibung aus dem Paradies, Kain und Abel, die Nacht am Ölberg, die Samaritergeschichte oder der Kreuzweg Jesu reduziert auf die Sprache der Hände, Mirijams Tanz usw. Die Aufgabenstellung allein kann eine Jugendgruppe herausfordern und ihr einen eigenen Gestaltungsraum öffnen. In Kombination mit den Tonstudio-Ideen werden daraus sehr beeindruckende Inszenierungen. Doch auch hier gilt vor allem für den Anfang: Kleine Spots und Clips sind wirkungsvoller; nur so viel Technik, wie wirklich nötig, dafür so viel Teamgeist, wie nur möglich.

4.11.4 Computer-Animationen

Jugendlichen ist der Computer sicher vertrauter als die Bibel. Mit einem entsprechend guten Verarbeitungsprogramm für Bilder und Video-Clips bieten sich hier viele Möglichkeiten. In jeder Firmgruppe findet sich sicher das eine oder andere Talent, um einen biblischen Stoff etwa für einen Gottesdienst oder ein Projekt entsprechend zu arrangieren und zu redigieren: Ein Ideenwettstreit kann anregend wirken, während zu viele Vorgaben eher hinderlich sind. Es reicht schon, wenn das Handlungsziel (wann, wo, vor welchem Publikum, mit welchem Ziel soll was von wem gemacht werden?) abgestimmt und das Ausgangsmotiv klar ist (Thema). Hilfreich ist ein Psalmwort, ein Reizwort oder ein Bibelsatz als Ausgangsidee, die dann in einem gemeinsamen Brainstorming entfaltet wird. Um Überfrachtungen und Überforderungen auszuschließen, sind ein Zeitlimit und ein eng umgrenztes Themenfeld zwingend. Möglichkeiten:

- Eine Bibelgeschichte mit aktuellen Fotos, Filmspots und Musik im PowerPoint-Format aktualisieren: der bittende Freund, das Almosen der alten Frau, der Schatz im Acker, die Bergpredigt.
- Eine biblische Szene in Form eines Kurzfilms gestalten: Schöpfung, Ostersonne, Pfingststurm. Eine Bibelperikope wird vorgegeben und besprochen. Dann sucht sich jeder seine Szene, sein Stichwort, zu dem er eine kreative Ausgestaltung überlegt. Zur Not schneidet man einen Bibeltext in sinnvolle Teile, lost sie aus, so dass jede Textpassage von einer Kleingruppe bearbeitet werden muss, und fügt sie am Ende sinnvoll zusammen.
- Die Gruppe sucht nach aktuellen Songs mit religiöser Relevanz oder biblischem Bezug, und gestaltet dazu einen Video-Clip. Je nach Alter darf das auch provozierend oder kontrastierend zur Glaubensbotschaft klingen, wenn es zur Auseinandersetzung führt und den eigenen Standpunkt klärt. Camcorder und Digitalfotografie sind inzwischen leicht verfügbar und liefern preiswertes Bildmaterial.
- Kopien eines Bildes aus der Kunstgeschichte werden zerschnitten und wie ein Puzzle neu zusammengelegt mit Variationen, Ergänzungen und Verfremdungen zu einem Trickfilm, bei dem aus vielen Einzelszenen eine bewegte Filmsequenz wird.

4.11.5 Bildcollage: Einzug in Jerusalem

Das Bild kann auf Folie kopiert oder farbig ausgedruckt, zerschnitten und in Form einer Fotomontage ggf. mit transparent auf Folie gescannten Illustriertenbildern auf dem Overhead-Projektor gepuzzelt oder collagiert werden, um die Personen einzeln vor Augen zu führen, das Bild zu verfremden oder zu aktualisieren.

4.12 Das große Fest: Eine Inszenierung mit Schattenspieleffekten

Material: Liedblätter, Schattenspielleinwand mit Overhead-Projektor
Requisiten: Telefon, Kopfbedeckungen, markante Kleidungsstücke
Schattenbildmaterial s. u.
Rollen (ggf. doppelt besetzt als Schattenspieler und Sprecher):
Gastgeber/in, 1–3 Angestellte des Party-Dienstes, 3 »Ehrengäste« (verhinderte Freunde), Schattenspieler am Overhead-Projektor, Gruppe der Armen

1. Szene: Kommt, wir feiern ein großes Fest!

Nach einem kleinen musikalischen Vorspiel beginnt die erste Szene auf der Schattenwand. Ein Tisch steht unmittelbar hinter der Leinwand. Kronleuchter und Tür werden als Folienbilder projiziert.
Eine Türklingel ertönt, Gastgeber tritt von links auf, geht zur Tür nach rechts und öffnet. Der Party-Service tritt ein und stellt sich vor.

Party-Service:
Guten Tag! Sie haben den Party-Service bestellt? Da sind wir!

Gastgeber:
Aber ja! Da sind Sie ja endlich! Es ist höchste Zeit! Wir müssen jetzt mit den Vorbereitungen beginnen. Das wird eine Riesen-Fete! Ein Fest, das keiner so schnell vergessen wird! Feiern will ich mit meinen besten Freunden.
Aber was rede ich so lange. An die Arbeit! Es ist viel zu tun!

Lied: Kommt und seht

T/M/©: W. Gies

2. Schmückt den Garten, schmückt das Haus zu dem großen Feste!
Rollt den roten Teppich aus für die Ehrengäste!

3. Filetfleisch und frischen Fisch, fein von jeder Sorte.
Nur das Beste auf den Tisch: Sahneeis und Torte!

4. Kalte Ente, heiße Gans, nichts ist mir zu schade.
Flotte Musik, Spiel und Tanz, Drinks und Schokolade.

5. Lampions und Kerzenschein, Fackeln und Girlanden.
Holt den allerbesten Wein für meine Bekannten!

6. Ladet meine Freunde ein zu dem Jubelfeste!
Alle sollen fröhlich sein! Kommt, seid meine Gäste!

Auf der Bildwand erscheinen dabei entsprechend dem Strophentext:
1. Mit Besen/Putztuch usw. arbeitender Party-Service.
2. Tisch decken, Blumen in Vase auf den Tisch stellen.

3. Glasteller und Besteck auf den Overhead-Projektor, Kuchenform oder Torte auf den Tisch stellen.
4. Gläser und Topf auf den Tisch stellen. Luftballon und Luftschlangen verteilen.
5. Kerzen, Gläser und Weinflaschen werden auf den Tisch gestellt.
6. »Herzliche Einladung« auf Glasteller schreiben oder als Folienschrift projizieren. Kerzen entzünden.

2. Szene: Herzliche Einladung!

Gastgeber:
Tritt vor der Leinwand auf, trifft seinen »besten« Freund.
Hallo Paskal! Gut, dass ich dich treffe! So kann ich dich noch einmal persönlich einladen zu meinem großen Fest!

Lied: Komm, du mein Freund

T/M/©: W. Gies

Paskal *(wehrt ab)*:
Vielen Dank für deine Einladung! Ich wollte dich heute noch anrufen, weißt du, es tut mir echt leid, aber ich habe keine Zeit!

Lied: Tut mir leid, ich habe keine Zeit

T/M/©: W. Gies

Gastgeber:
Trifft vor der Leinwand jetzt eine weitere Freundin.
Hallo Marion! Wie geht's dir! Übrigens, die große Party kann steigen! Alles ist bereit! Da darfst du nicht fehlen:

Lied: Komm, du mein Freund!

Marion ***(wehrt ab):***
Ach ja, du feierst groß! Gute Idee, man muss die Feste feiern, wie sie fallen. Heute, sagtest du? Heute kann ich ja gar nicht! Tut mir schrecklich leid!

Lied: Tut mir leid, ich habe keine Zeit!

1. Ich muss gleich noch ein Auto kaufen, nagelneues Sportcoupé mit Turbo-Diesel,
Rallye-Streifen, Seitenairbag und CD!
Tut mir leid! Ich habe keine Zeit!

Das Telefon klingelt, Gastgeber geht hinter die Leinwand ans Telefon.

Gastgeber:
Ach du bist es, Bernd! Hast du meine Einladung bekommen? Ich freue mich, dich nach so langer Zeit wiederzusehen!

Lied: Komm, du mein Freund!

Bernd:
Tritt mit Handy vor die Leinwand.
Ich würde dich auch mal gerne wieder sehen. Aber weißt du, das schaffe ich im Augenblick zeitlich nicht. Tut mir sehr leid!

Lied: Tut mir leid, ich habe keine Zeit!

2. Ich hab' vor meiner Hochzeitsfeier an dem Haus so viel zu tun.
Ja, heiraten ist heute teuer! Keine Zeit mich auszuruh'n.
Tut mir leid! Ich habe keine Zeit!

3. Szene: Von Hecken und Zäunen

Gastgeber:
Wie stehe ich jetzt da? Alles ist vorbereitet, doch keiner hat Zeit für mich! Alles umsonst? Alles ist aus! Was soll ich jetzt nur machen?

Gastgeber kommt bei den letzten Worten vor die Leinwand und schaut fragend ins Publikum, wartet Reaktionen ab, sammelt Vorschläge.

Wisst ihr, was ich mache! Wenn mich die besten Freunde im Stich lassen, sollen sie mir den Buckel runterrutschen. Dann lade ich die ersten Besten als Gäste ein: Ein jeder soll kommen, der Lust und Laune hat, mit mir zu feiern. Holt sie von Hecken und Zäunen, vergesst die Armen nicht und die Bedürftigen. Sie sollen mit mir zu Tisch sitzen.

Lied: Ruft alle herbei

T/M/©: W. Gies

2. Ob schwarz oder weiß, ob gelb oder rot! Ruft alle herbei!
Wir teilen den Wein, wir teilen das Brot! Ruft alle herbei!

3. Ob reich oder arm, taub oder lahm! Ruft alle herbei!
Ob stumm oder blind, ob Greis oder Kind! Ruft alle herbei!

4. Ob mutig, ob bang, gesund oder krank! Ruft alle herbei!
Kommt alle herein! Ich lade euch ein! Ruft alle herbei!

Eine Gruppe von Bedürftigen versammelt sich hinter dem Tisch.

Sprecher:
So stellte Jesus sich den Himmel vor: Ein großes Fest mit allen, die guten Willens sind. Er hat sich mit jedem an einen Tisch gesetzt. Keiner war ihm zu klein, zu arm, zu dumm oder zu krank. Im Haus des Vaters ist für alle Platz! Kommt alle zu mir!, hat er gesagt. Das Fest unter Gottes reichem Himmel hat mit ihm seinen Anfang genommen: Wir alle sind eingeladen an seinen Tisch, wir teilen das Brot des Lebens, keiner bleibt außen vor. Welch ein himmelreiches Fest!

Kanon: Gastmahl

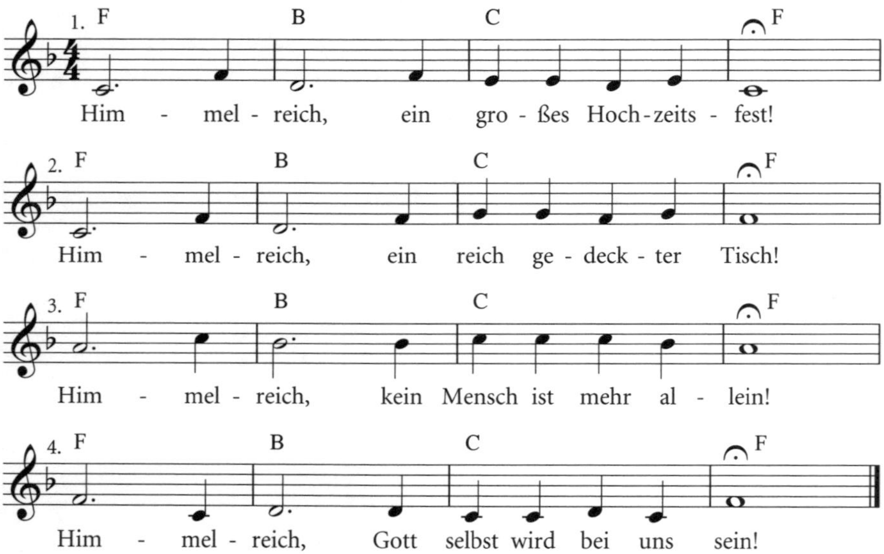

T/M/©: W. Gies

Während der Kanon gesungen wird, spricht eine Person den Text.

Sprecher:
Blinde sehen wieder klar, Gelähmte können wieder gehen, Aussätzige werden gesund, Stumme können sprechen, Taube hören die frohe Botschaft! Den Armen ist der Himmel versprochen, selbst Tote stehen auf. Kommt alle zu mir, die ihr traurig und belastet seid: Ich will euch wieder beleben!

5. Theaterworkshop

Kinder und vor allem Jugendliche bringen dem Theaterspiel oft große Befangenheiten entgegen, vielleicht auch, weil sie sich nicht gerne vor anderen präsentieren, und sei es auch nur vor der eigenen Gruppe. Aber wohl auch, weil der Kreativität zu wenig Aufmerksamkeit geschenkt wird. Oft werden Kinder bei einer Aufführung in feste Rollen gepresst und müssen vor Publikum einen vorgegebenen Text aufsagen ohne jede theaterpädagogische Begleitung, Ausdrucksschulung und Einfühlung. Voraussetzung für das Gelingen eines Theaterspiels ist aber eine Vertrauensbasis in der Spielgruppe und ein vorsichtiges Vorgehen bei den ersten Versuchen im freien Spiel. Mit Geduld und kleinen Übungen zur Entwicklung des schauspielerischen Talents, die Erfolgserlebnisse vermitteln, wächst auch die Freude am Spielen und das Selbstbewusstsein im Auftreten.

Es geht hier nicht um großartige Inszenierungen, sondern um die Fähigkeit, sich in andere Menschen hineindenken und -fühlen zu können und ihren Motiven nachzuspüren, um sie besser zu verstehen, andere Rollen zu übernehmen und sich selbst darin mit der ganzen Person zu erfahren. Biblische Erzählsituationen werden so der ganzheitlichen Erfahrung zugänglich und die »alten« Geschichten erhalten neue Aktualität und einen Bezug zum eigenen Leben. Dabei spielt sich das Wesentliche gar nicht auf der Bühne, sondern im Kopf und im Herzen der Teilnehmer ab.

Unser Weg beginnt mit ersten Lockerungsspielen (Warming up) und kleinen Improvisationen, bei denen die eigene Fantasie, Kreativität und Spielfreude geweckt wird. Standbilder und wortlose Pantomimen werden ersten kleinen Rollenspielen und improvisierten Szenen vorangestellt. Je nach Gruppe können diese kurzen Szenen zu Umsetzungen von biblischen Geschichten in kleine Theaterstücke werden.

5.1 Aufwärmen

Intention: Hemmungen abbauen, sich freispielen und durch eine erste Kontaktaufnahme mit anderen ins kreative Spiel finden. In einem einladenden, aber auch fordernden Klima können unentdeckte Erfahrungsräume in der Gruppe gewonnen werden.

5.1.1 Kaugummi-Staffel

Diese Übung schult die Körpersprache. Alle stehen oder sitzen im Kreis. Ein imaginiertes Kaugummi wird von der Spielleiterin aus der untersten Hosentasche gekramt, pantomimisch ausgepackt und angekaut. Wenn es weich genug ist, nimmt sie es aus dem Mund und reicht es irgendwie an ihre Nachbarin weiter. Die übernimmt es und lässt sich eine weitere pantomimische Improvisation einfallen, um es weiterzureichen, bis alle einmal »gekaut« haben.

5.1.2 Tennis-Ballwechsel

Mit dieser Übung wird die Schlagfertigkeit gefördert. Zwei Partner spielen pantomimisch Tennis, führen dabei aber einen lauten Wortwechsel zu einem aktuellen Thema, so dass bei jedem Schlag ein Satz fällt, der eigentlich mit dem Tennisspiel nichts zu tun hat. Dadurch wird die Synchronisation von Bewegung und Sprache gefördert, sowie die kräftige Artikulation durch die Körperbewegung und die Schlagfertigkeit, weil der Wortwechsel vom Tempo des Ballwechsels bestimmt wird.

5.1.3 Gegenstand zweckentfremden

Zur Anregung des Improvisationstalents wird ein beliebiger, nicht zu kleiner Gegenstand ins Spiel gebracht. Wer ihn hat, improvisiert damit eine kleine Anwendungsvariation. Dabei darf der Gegenstand alles darstellen, nur nicht das, was er wirklich ist. Ein Hut z. B. wird zum Nachttopf, zum Lenker oder Handy. Ein möglichst rascher Wechsel erhöht die Spielfreude.

5.2 Standbilder

Intention: Die Aufmerksamkeit wird auf die Ausdruckskraft des Körpers gelenkt. Aus der ruhenden Haltung wird die differenzierte Wahrnehmung von innen wie von außen gefördert. Je nach Vorerfahrung und Stimmung in der Gruppe sind biblische Anspielungen denkbar.

5.2.1 Statuen bauen

Paarweise oder in Dreiergruppen versucht sich jede als Bildhauerin und baut eine Statue, indem sie einer Mitspielerin entsprechende Anweisungen zur Körperhaltung gibt und deren Körper in eine ausdrucksvolle Gestik bringt. Dazu kann das Thema vorgegeben oder anschließend von den anderen erraten werden. Später werden Figuren aus biblischen Geschichten aufgestellt: Josef, Mose, Pilatus, die Frauen am leeren Grab.
Die Übung kann erweitert werden, indem aus mehreren Personen Gruppierungen zu bestimmten Themen aufgebaut werden, z. B. Fußballstadion, Deutschstunde, Zoo, Wald, vier Jahreszeiten oder Blumengesteck, Albtraum oder Farbkasten. Nachdem sich die Gruppe an einfacheren Motiven geübt hat, können biblische Themen in Szene gesetzt werden: Abraham vor dem Aufbruch, Jona auf dem Schiff, Zachäus im Baum usw.

5.2.2 Eine Persönlichkeit der Bibel als Denkmal bauen

Wir bauen eine biblische Persönlichkeit als Denkmal: Mose, König David, Ruth, Esther, Maria oder Paulus. Das kann in Partnerarbeit oder als Gruppenaufstellung geschehen. Reizvoll sind auch biblische Gegenspieler (Saul und David, Moses und der Pharao) oder Paare (Rut und Noomi, Kain und Abel). Die Vorstellung der Handlungsträger einer biblischen Geschichte als Denkmal veranschaulicht den biblischen Text: Wie verändern sich die Charaktere im Verlauf einer Geschichte? Lassen sich diese Veränderungsprozesse an den Figuren selbst darstellen und ablesen? Einfache Requisiten sind sehr hilfreich.

5.2.3 Die leblosen Statuen werden erweckt

- Auf ein Klangzeichen oder symbolische Geldgabe hin verändern die Statuen ihre starre Position, um gleich wieder in einer neuen Haltung zu versteinern.

- Die einzelnen Statuen bewegen sich im nächsten Schritt um eine Bewegungseinheit im Raum und bilden am Ende eine neue Aufstellung.
- Auf ein Klangzeichen erstarren die Statuen diesmal nicht, sondern erwachen, wie um Mitternacht die kleine Puppenfee, und genießen für einen Augenblick die neue Bewegungsfreiheit, schauen sich um und nehmen Kontakt miteinander auf. Mit dem nächsten Gongschlag ist der Zauber wieder zu Ende und alle erstarren in der Grundposition.
- Man kann auch erst ein Gemälde (oder Abbildungen in diesem Buch) nachstellen und dann allmählich Bewegung einfließen lassen. Jeder sucht sich eine Figur in dem Bild und nimmt die entsprechende Körperhaltung ein. Auf ein Gongzeichen belebt sich die starre Szenerie, Positionen werden im Zeitlupentempo verändert und am Ende auf Gongschlag wieder eingefroren.

5.2.4 Zeitraffer – Zeitlupe

Eine Gruppe sucht sich eine (vielleicht auch biblische) Geschichte und stellt sie als Figurengruppe dar. Im Takt eines Metronoms bewegt sich die Gruppe langsam, dann wird das Tempo verändert. Die Bewegungen können improvisiert werden: Was passiert aus der Situation heraus? Welche Bewegungen sind naheliegend?

5.2.5 Vexierbilder

Reizvoll sind auch Gegenüberstellungen: Tag und Nacht, Angst und Geborgenheit, Kain und Abel, Maria und Marta, Bartimäus als Blinder und als Geheilter oder die Jünger einmal euphorisch bei der Verklärung Jesu und dann schlafend in der Nacht im Ölberg.

- Der Erste erstarrt in seiner ausgedachten Grundhaltung (Wut), ein Zweiter kommt dazu und nimmt die Gegenhaltung ein (Friedfertigkeit). Wer eine Idee hat, geht in die Szene.
- Zwei gegensätzliche Positionen werden abgestimmt: Gegensatzpaare, Anfang und Ende einer Episode, zwei miteinander ringende Seelen in einer Brust bieten sich hier als Motive an. Die Spielerinnen nehmen zunächst die jeweilige Haltung ein und verändern ihre Haltung dann langsam so, dass sie die Position des Gegenübers spiegeln. Wie bei einem Vexierbild kann mehrmals und in unterschiedlichem Tempo gewechselt werden. Schließlich wird die ganze Gruppe in die Bewegungen einbezogen.
- Jeder Teilnehmer sucht sich ein Bibelzitat (Prophetenwort, Spruch, Lehrweisheit) oder eine kleine Sprechpassage aus einer ihm wichtigen Geschichte aus. Dann überlegt er sich eine passende Körperhaltung dazu. Sind alle Teilnehmer einverstanden, wird die Figurengruppe eingefroren. Von einer »Fee« erlöst, erwacht dann eine Statue nach der anderen für einen Augenblick und sagt mehrfach mit variierter Betonung und veränderter Gestik und Mimik ihr Zitat auf, um dann wieder in Erstarrung zu verfallen.
- Eine biblische Szene wird besprochen und gestellt. Reihum werden die einzelnen Statuen für einen Augenblick erlöst und dürfen sich in Mimik, Gestik, später auch mit Worten ins Spiel bringen, indem sie ihre Position verändern, Beziehungen andeuten, kommentieren oder die Szene um 10 Sekunden weiterspielen, bevor sie wieder erstarren. Am Anfang wird die Spielleiterin die Reihenfolge dirigieren. Nach und nach ent-

steht aber auch eine innere Dynamik, so dass jeder einzelnen selbst der Moment des Erwachens überlassen bleiben kann. Die Spielleiterin kann die Szene dann durch ein vereinbartes Zeichen wieder einfrieren.

- Im fortgeschrittenen Stadium kann daraus eine biblische Improvisation werden, bei der die einzelnen Sätze aufeinander abgestimmt sind und einen Erzählbogen spannen: Jesus und die Ehebrecherin oder andere Streitgespräche eignen sich besonders gut, weil die einzelnen Standpunkte verlangsamt wahrgenommen und durch die Wiederholungseffekte besser nachvollzogen werden können.

5.2.6 Begegnung mit Jesus

Die Selbstoffenbarung Jesu (vgl. 2.6.) in der Synagoge verdeutlicht sein ganzes Lebenswerk: Die Heilszeichen, von denen Jesaja spricht, werden ja durch Jesu Heilstaten bezeugt und bewahrheitet. Diese Spur nehmen wir auf und erarbeiten in verschiedenen Stationen exemplarische Bibelgeschichten, die von den heilsamen, wunderbaren Begegnungen mit Jesus Christus erzählen. Dazu werden Schuhkartons vorbereitet, die wie Meilensteine im Raum aufgestellt werden. Oben auf dem Deckel ist jeweils ein Bild von einem Körperteil (Auge – Ohr – Hand – Fuß – Herz) zu sehen. Auf einer Längsseite steht die Behinderung (blind – taub/stumm – gelähmt – herzlos). Im Innendeckel klebt eine Kopie der entsprechenden Bibelerzählung. In der Kiste können Erzählhilfen, Requisiten oder Malsachen deponiert sein. Zu den Kisten werden Leporellos gelegt, die Anregungen geben, was an den einzelnen Stationen mit der Kiste gemacht werden soll.

Kopiervorlage zu 5.2.6: Begegnung mit Jesus

A

Sammelt reihum Ideen, was man mit dem Körperteil auf dem Deckel alles kann und erprobt dazu entsprechende Körperbewegungen und Haltungen.

B

Auf einer Seite des Kartons steht ein Stichwort. Baut zu diesem Stichwort ein Standbild mit euren Körpern. Überlegt, was ein Mensch mit dieser Behinderung nicht mehr tun kann.

C

Öffnet den Deckel und lest die Bibelgeschichte dazu in der Gruppe. Überlegt euch eine Gruppenpantomime dazu. Wer erzählt nachher die Geschichte zu eurem Standbild?

D (im Kreis)

Spielt alle Bilder nacheinander ohne Unterbrechung. Ein unsichtbarer Jesus geht von einem Standbild zum andern und wird spürbar, wo Menschen heil werden: Blinde sehen, Lahme gehen, Jesus hatte ein Herz für die Menschen.

5.3 Pantomimisches Spiel

Intention: Aus den Grunderfahrungen mit Standbildern soll ein Gespür für Gestik und Mimik entwickelt werden. Die inneren Erfahrungen sind dabei wichtiger als das nach außen Sichtbare.

5.3.1 Pantomimisches Ratespiel

Nach ersten Erfahrungen mit Standbildern können kleine pantomimische Übungen gelingen. Hier beginnt man am besten mit wortlosem Beruferaten oder dem Vorspielen von einfachen Tätigkeiten, Eigenschaften, Symbolbegriffen oder kurzen Situationsbeschreibungen, die vorher auf Karten geschrieben, dann vorgespielt und erraten werden. Die Begriffe werden zunehmend abstrakter und führen allmählich zu größeren Spielszenen. Eine weiße Maske erhöht die Ausdruckskraft der Bewegungen.

5.3.2 Sprachlose Situationen

Gespielt wird eine Situation, in der man sich nicht sprachlich verständigen kann, z. B. ein Gespräch durch eine Schaufensterscheibe, im Ausland ohne Sprachkenntnisse oder eine Stadtführung in einer Fantasiesprache, vielleicht mit einem Dolmetscher? Kinder können sich auch in anschleichende Indianer, wortkarge Clowns, stumme Tiere, leblose Geschöpfe vom Baum bis zum Saatkorn hineindenken und sich mit ihrer Körpersprache ausdrücken.

5.3.3 Sprichwörter raten

Bekannte Sprichwörter werden gemeinsam gesucht und erklärt, auf Kärtchen geschrieben und dann nach dem Zufallsprinzip verteilt. Jeder versucht dazu eine Szene pantomimisch vorzuspielen. Wer das Sprichwort errät, sagt es auf und alle sprechen im Chor nach: Wer andern eine Grube gräbt …, wie man in den Wald ruft …, Vögel, die früh am Morgen singen, fängt am Abend die Katze.

5.3.4 Bibelverse in Szene setzen

Psalmworte wie »Manchmal fühle ich mich wie ein zerbrochenes Gefäß« (vgl. 3.10.), Bibelzitate: »Dann geh, und handle genauso!« oder Schlüsselbegriffe aus Bibelgeschichten werden auf Kärtchen vorgegeben und in kleinen pantomimischen Szenen dargestellt.

5.3.5 Biblische Schlüsselszene: Er schrieb in den Sand (Joh 7,53–8,11)

Bevor eine biblische Geschichten durch zu viele Worte zerredet wird, kann durch die Konzentration auf die Schlüsselszene in pantomimischer Reduktion das Wesentliche herausgearbeitet werden.
Als Requisite dient ein großes Tablett mit einer Schicht Sand. Es wird in die Kreismitte gestellt. Dann hören wir die Bibelgeschichte. Zum Schlüsselsatz: »Jesus schrieb in den Sand« wird zunächst die Personengruppe aufgestellt: Die Ehebrecherin als Opfer der Wut der selbstgerechten Verfolger. Die Rolle Jesu wird reihum von den Zuschauern vertreten, indem eine nach der anderen zum Sandbett geht und

mit dem Zeigefinger dort hineinmalt oder schreibt. Die anderen bleiben stumme Beobachter.

5.3.6 Hast du Worte?

Eine biblische Geschichte mit großem Redeanteil der Akteure wird als Lesetext vorgegeben (Text ggf. selbst als Sprechspiel schreiben). Zur Vorbereitung werden alle Redepassagen unterstrichen. Dann wird die Situation gespielt. Einer erzählt den Handlungsverlauf, die Redeanteile werden von den Spielern improvisiert. Die Szene wird schließlich ohne Erzähler gespielt. Dabei sollten durchaus eigene Worte gebraucht werden. Verfremdungen sind erwünscht, wenn die Situation dadurch aktualisiert erscheint.

5.3.7 Das Gleichnis vom Schalksknecht (Mt 18,23–35)

Das Gleichnis wird Bild für Bild ohne Worte auf der Handlungs- und Gefühlsebene erarbeitet und ausgespielt. Dabei dürfen die verschiedenen Spielsituationen durchaus von unterschiedlichen Kleingruppen möglichst spontan und aus eigener Intuition heraus, ohne Regieanweisungen, dargestellt werden. Zum Abschluss fallen an entscheidender Stelle einige wenige Worte.

5.3.8 Hochzeit zu Kana (Joh 2,1–12)

Das Hochzeitsfest wird pantomimisch dargestellt. Man sieht, wie Maria etwa mit Jesus und dem Speisemeister spricht. Alle suchen sich eine Rolle in der Geschichte und spielen sie spontan pantomimisch mit. Erst am Ende wird wörtliche Rede eingeflochten.

5.3.9 Maria und Marta (Lk 10,38–42)

Während Marta beim Besuch Jesu vor allem um den Haushalt besorgt ist und alles besonders gut richten will, sucht Maria die Nähe zu Jesus. Sie vertreten dabei die beiden Grundhaltungen »Pflicht« und »Neigung« im Menschen. Wo gibt es heute ähnliche Konfliktsituationen? Was ist das besondere Glaubenszeugnis der Bibelgeschichte?

5.3.10 Die Berufung der Jünger (Mt 4,18–22 || Mk 1,16–20)

Der Lebensalltag der Fischer wird durch das Auftreten Jesu verwandelt. Die Spieler identifizieren sich zunächst mit den beruflichen Tätigkeiten eines Fischers und fühlen sich dann von Jesus berufen, stellen aber auch ihre inneren Widerstände pantomimisch dar, bis dann am Ende deutliche Worte die Entscheidung bringen.

5.3.11 Der unfruchtbare Baum (Lk 13,6–9)

Ein Gärtner bemüht sich pantomimisch um den unfruchtbaren Feigenbaum, umsorgt, hegt und pflegt ihn und legt Fürsprache für ihn ein. Der Baum wird ebenfalls pantomimisch dargestellt. Am Ende werden einige Wortschnipsel der wörtlichen Rede hörbar und geben der Szenerie die inhaltliche Prägung. Erarbeiten mehrere Gruppen das gleiche Motiv, wird die Aussprache am Ende durch den Vergleich der unterschiedlichen Akzente und Deutungen belebt.

5.3.12 Der Glaube hält uns über Wasser (Mt 14,22–33)

Zur Erarbeitung dieser Bibelgeschichte unterstreichen wir im Text Reiz- oder Schlüsselwörter, zu denen anschließend kleine Bewegungsstudien improvisiert werden: Männer im Boot, Wasser und Wellengang, eine Gestalt, die über das Wasser geht, ängstliche Schreie, der Anruf Jesu »Komm!«, der Ausstieg, der Hilferuf, die rettende Hand und das bekennende Sprechen des Petrus. Das Handlungsrepertoire wird schrittweise in pantomimischen Versuchen gemeinsam entwickelt. Wir überlegen uns z. B. verschiedene Gangarten für Petrus vom tastenden ersten Schritt bis zum Balancieren oder Surfen und versuchen, sie uns nacheinander vorzuspielen, zu verbessern und in vielen Variationen auszuprobieren, bis wir eine stimmige Interpretation gefunden haben.

5.4 Der barmherzige Samariter: Ein ganzheitlicher Zugang

Intention: Am Beispiel der Geschichte vom barmherzigen Samariter (Lk 10,25–37) soll ein ganzheitlicher Zugang zu einer zentralen Bibelgeschichte vorgestellt werden. Die Geschichte wird in kleinen Arbeitsschritten erarbeitet. Ausgangspunkt soll das Bild eines Verunglückten, eines am Boden liegenden »Opfers« sein.

5.4.1 Wer ist mein Nächster?

Wir beginnen mit einem Selbsterfahrungsspiel. Dazu bewegen sich alle frei zu rhythmischer Musik im Raum. Setzt die Musik aus, fallen alle in einen Dornröschenschlaf. Die Frage: Wer ist mein Nächster?, wird konkret überprüft. Wer steht mir am nächsten? Jeder geht auf die neben ihm stehende zu, legt die rechte Hand auf deren linke Schulter, schenkt ihr einen Blick. Mehrfach wechseln!

5.4.2 Aktive Bildbetrachtung: Da liegt einer am Straßenrand

Wir betrachten das Bild (Kopie). Jeder malt/schreibt in die Denkblase, was ihm in den Sinn kommt: Was denkt oder fühlt das Opfer? Der Helfer? Der Esel? Dann tauschen wir uns über die Ergebnisse aus.

5.4.3 Denkmal bauen

Die Szenerie wird als Standbild nachgestellt. Wie fühlt man sich als Opfer oder als Retter? Was mag unmittelbar zuvor geschehen sein? Mit solchen Impulsen wird die Identifikation mit den Figuren auf dem Bild gefördert. In einer weiteren Runde können Spielerinnen in die Szene treten, die den stummen Figuren ihre Stimme verleihen, etwa als Schutzengel des Opfers oder die Stimme des Gewissens des Helfers.

Kopiervorlage zu 5.4.2: Aktive Bildbetrachtung

5.4.4 In Szene setzen

Das Opfer liegt allein in der Mitte. Ein erster Teilnehmer geht spontan von seinem Platz aus zur gegenüberliegenden Seite mit deutlicher Pantomimik an dem »Opfer« vorbei, und fordert dort einen anderen Mitspieler durch Handschlag auf, es ihm nachzutun, bis alle einmal ihren Platz getauscht haben.

5.4.5 Einfrieren

In einer zweiten Runde verlangsamen wir die Gehbewegungen in die Zeitlupe, bis die Bewegung durch Klangzeichen dann eingefroren wird, wenn die Beziehung zum Opfer besonders deutlich zum Ausdruck kommt.

5.4.6 Auswerten

Je nach Situation werden die Spielerinnen um eine Stellungnahme gebeten: Wie fühlten sie sich dabei? Welche Gedanken gingen ihnen durch den Kopf? Wie empfand das Opfer das Verhalten der Vorbeigehenden? Was ist jetzt anders als bei der Bildbetrachtung vorher?

5.4.7 Ordnen

Jetzt nehmen alle wieder die Haltung ein, in der sie eingefroren waren, und ordnen die unterschiedlichen Grundhaltungen nach den drei Kategorien: Zuwendung, Abwendung oder Gleichgültigkeit. Nahe beim Opfer stehen die Hilfsbereiten, die anderen entsprechend distanzierter.

5.4.8 Fixieren

Zwei zusammengeklebte, extrastarke Alufolien oder eine Abdeckplane aus dem Auto-Verbandskasten werden anschließend so um das Opfer gelegt, dass eine Körpersilhouette als Hohlform zurückbleibt, wenn der Spieler aufsteht. Das Halbrelief des Körperabdrucks als eine Art Denkmal. Wenn genügend Zeit ist und die Gruppe klein ist, können auch die typischen Grundhaltungen der anderen Akteure des Gleichnisses in je einer Alu-Körpermaske fixiert werden.

5.4.9 Beschreiben

Die Teilnehmer werden gebeten, ihre Erfahrungen und Beobachtungen aus der Spielszene in geeigneter Form aufzuschreiben oder zu malen. Das kann in Form einer Fantasiegeschichte, eines Briefes oder eines Dialoges, eines Gedichtes oder eines Unfallberichtes zur Szene geschehen. Vielleicht bringt jemand ein Gespräch zwischen allen Beteiligten zu Papier? Wem fällt eine aktualisierte Spielszene dazu ein?

5.4.10 Das Gleichnis hören

Wir erzählen die Bibelgeschichte dazu oder lesen das Gleichnis vom barmherzigen Samariter laut vor. Alle unterstreichen den Satz, den sie für den wichtigsten halten, und notieren ihn auf einem großen Papierstreifen.

5.4.11 Sprechmotette

Jede legt ihren Satz in die Mitte, liest ihn einmal laut vor und begründet ihre Wahl. Wir legen die Streifen in die richtige Reihenfolge untereinander und lesen den fragmentierten Text dann noch einmal als Sprechmotette gemeinsam mit verschiedenen Betonungen und passenden Körpergesten: als Gerücht, als Frage-Antwort-Spiel, aus verschiedenen Perspektiven und Rollen heraus. In Kombination mit Methoden aus der Klangwerkstatt ergeben sich weitere Gestaltungsmöglichkeiten.

5.4.12 Gruppenpantomime

Am Schluss wird das ganze Gleichnis pantomimisch dargestellt. Der Überfall wird nur als Standbild oder in Zeitlupe gespielt! Doppelbesetzungen sind kein Problem, es gibt kein Publikum, sondern nur Mitspielerinnen. Nicht besetzte Rollen werden kompensiert durch die Reaktion der ganzen Gruppe.
Eine Erzählerin gibt den Handlungsverlauf vor. Die Gruppe spielt spontan mit. Jede kann versuchen, ihren Lieblingssatz einzubringen oder alle sprechen als Sprechchor die zentrale Aussage am Ende laut mit mehrfachem Echo: Dann geh, und handle genauso!

5.4.13 Rollenspiel

In einem weiteren Schritt können sich Gruppen bilden, um das Gleichnis zu aktualisieren. Dabei ist es freigestellt, wie eng man sich an den Bibeltext hält. Es können Passagen übernommen oder verändert werden, Personen ausgetauscht, neu erfunden oder atypisch besetzt werden, Verfremdungseffekte eingebaut oder die Erzählsituation in Zeit und Raum variiert werden.

Wichtig ist nur, dass das Spiel nicht in Klamauk ausartet, sondern ganz bewusst und ernst aus unterschiedlichsten Perspektiven oder Rollen beleuchtet wird. Am Ende stellen sich die Gruppen ihre Ergebnisse vor und variieren sie vielleicht nach einer Aussprache.

Kopiervorlage zu 5.4.13: Ideenkärtchen

• Spielt die Geschichte aus der Sicht **einer Zuhörerin,** die die Geschichte von Jesus erzählt bekam!
• Spielt die Geschichte aus der Sicht **der Räuber,** die den Mann überfallen und reiche Beute gemacht haben!
• Spielt die Geschichte aus der Sicht **des Samariters,** der seine Begegnung seiner Frau erzählt!
• Spielt die Geschichte aus der Sicht **des Opfers,** das seine letzte Hoffnung auf Gott setzte!
• Spielt die Geschichte aus der Sicht **des Leviten,** der nicht geholfen hat!
• Spielt die Geschichte aus der Sicht **des Priesters,** der nicht geholfen hat.
• Spielt die Geschichte aus der Sicht **des Gastwirtes,** der die Hilfsbereitschaft bewundert!
• Spielt die Geschichte aus der Sicht **einer Augenzeugin,** die die Geschichte von weitem beobachtet hat!
• Spielt die Geschichte aus der Sicht **des Esels,** dessen Herr zum Opfer wurde!
• Spielt die Geschichte aus der Sicht **Martins,** der sich an diese Geschichte erinnert, als er dem Bettler in die Augen sieht!

5.5 Reflexionsmethoden

Intention: Die Auswertung von Standbildern, Aufstellungen, pantomimischen Szenen und Rollenspielen im Nachgespräch braucht Struktur und Methode. Die vorgestellten Ideen sind abhängig von der Kommunikationsfähigkeit der Gruppe.

5.5.1 Sprechsteinrunde

Nach einem Spielvortrag wird ein Redestab oder Sprechstein im Kreis herumgereicht, der allen die Möglichkeit gibt, eine kurze Rückmeldung zum Gesehenen zu geben. Natürlich sollten zuerst die Darsteller selbst Gelegenheit haben, sich zu ihrer Präsentation zu äußern. Der Sprechstein verteilt die Redeanteile gleichmäßig und reguliert gleichzeitig die Wortvergabe im Kreis.

5.5.2 Doppeln

Die Szenerie wird eingefroren. Dann geben die Darstellerinnen Auskunft über ihre Gedanken und Erfahrungen im Spiel. Anschließend treten Zuschauerinnen für eine Weile einzeln hinter eine »Figur« und sprechen für sie, schlüpfen in ihre Rolle und machen aus ihrer Perspektive Anmerkungen zur Situation. Das kann in Identifikation, Kontrastierung, Verfremdung oder auch als »Schutzengel« geschehen.

5.5.3 Vier-Ecken-Methode

Nach einer Spielszene verteilen sich alle Teilnehmer auf vier Ecken oder Tische im Raum. In jeder Ecke werden je nach Situation eine Impulsfrage, eine Anmerkung (+ – ! ?) oder eine Aufgabe vorgegeben, zu dem jeder sich schriftlich oder in einer Murmelgruppe äußern kann. Die Ecken werden ggf. getauscht. Statt der wortreichen Rückmeldung bewährt sich manchmal die Aufgabe, das Gesehene selbst noch einmal nachzustellen oder in der Eck-Gruppe weiterzuentwickeln in eigenen Spielversuchen, um am Ende einen Vorschlag als Interpretationsalternative vorbringen zu können. Die Gruppen mischen sich bei genügend Zeit mehrfach neu.

5.5.4 Kleeblatt

Die vier Blätter des Kleeblattes werden einzeln ausgeschnitten und an die Teilnehmerinnen verteilt. Jede schreibt ihre Gedanken und Ideen zu den verschiedenen Teilaspekten dann in einer vereinbarten Zeit (max. 5 Min.) auf. Am Ende werden die Ergebnisse in Vierergruppen gesammelt, wobei in jeder Gruppe die vier unterschiedlichen Kleeblatt-Teile vertreten sein sollen, oder im großen Kreis gemeinsam besprochen. Die Beiträge können meist so im Raum stehen bleiben, wie sie dargelegt wurden.

5.6 Sakraler Tanz

Intention: Im sakralen Tanz wird die biblische Botschaft des geistlichen Lieds unmittelbar in eine ganzheitliche Körpererfahrung übertragen.

5.6.1 Dornröschenschlaf

Die Gruppe bewegt sich frei im Raum zu rhythmischer Musik. Wenn die Musik aussetzt, fallen alle in einen Dornröschenschlaf, um sich beim Einsetzen der Musik weiter auf der Spielfläche zu bewegen. Im zweiten Schritt wird für jede Schlafpause ein Thema vorgegeben. Wir erstarren als Seiltänzer, Clown, Baum oder Tier. Der dritte Schritt kann entweder durch Steigerung des Abstraktionsgrades der Thematik (Wir erstarren in Angst, in Jubel, in Trauer …) oder durch entsprechende musikalische Themen geschehen, die anklingen und dann in Körperhaltungen eingefroren werden (Trauermusik, Marsch, Tanzmusik).

5.6.2 Spiegeln

Zwei Teilnehmer stehen sich gegenüber. Der Größere beginnt mit einfachen, langsamen Körperbewegungen und Gesten, sich wie vor einem Spiegel in der Tanzschule oder bei der Anprobe zu bewegen. Das Gegenüber spielt nun als lebendiger Spiegel alle Bewegungen möglichst synchron mit. Dann werden die Rollen getauscht.

5.6.3 Auf der Hut

Eine Mitspielerin setzt sich einen lustigen Hut auf und spielt die Anführerin: Alle im Kreis machen nach, was die Hutträgerin vormacht (kleine gymnastische Übungen, keine akrobatischen Verrenkungen!). Das kann mit rhythmischer Musik untermalt werden, die zu tänzerischer Bewegung animiert.

5.6.4 Wer ist Dirigent?

Alle stehen im Kreis. Einer wird kurz vor die Tür geschickt, während die anderen einen heimlichen Dirigenten bestimmen. Der beginnt, sobald der Ratende den Raum wieder betritt, pantomimisch ein Instrument zu spielen, das alle anderen nachahmen. In einem geeigneten Augenblick – vielleicht im Rücken des Ratenden – wechselt der Dirigent blitzschnell sein Instrument, das Tempo und den Takt. Wie schnell gelingt es dem Ratenden, herauszufinden, wer der heimliche Dirigent ist?

5.6.5 Orchester

Jede überlegt sich ein Instrument. Dann beginnt eine Freiwillige im Innenkreis mit ihrem Instrument pantomimisch ein Musikstück zu spielen, in das nach und nach alle einstimmen. Das kann eine Jazz-Combo werden oder eine Rockband, ein Symphonieorchester oder eine Musikkapelle. Wir variieren dabei die Musikstimmung, mal traurig-langsam in Moll, mal beflügelt-heiter in Dur, und drücken dies natürlich in der Körpersprache aus.

5.6.6 Tanzlehrer

Zu einer rhythmischen Musik tanzt ein »Tanzlehrer« improvisierte Schritte vor. Durch Antippen werden nach und nach im Schneeballsystem alle auf die Tanzfläche gebeten, um die Schritte nachzutanzen. Man kann die Rhythmen wechseln oder auch ganz ohne Musik pantomimisch weiterspielen.

5.6.7 Tanzentwicklung

Wir suchen ein geeignetes, sakrales Lied aus und üben es gemeinsam, indem wir es immer wieder anstimmen und mal laut, mal leise im Chor singen, bis wir es im Ohr haben. Dann gehen wir dazu frei im Raum umher und jede sucht singend die Körperbewegungen, die ihr stimmig erscheinen. Dabei entwickelt sich eine mehr oder weniger große Gestik oder tänzerische Schwungform. Dann tanzt beim erneuten Anstimmen eine nach der andern ihre Idee einmal vor und alle versuchen, sie nachzuempfinden. Dabei sollte nicht gesprochen, sondern laut gesungen werden. Am Ende setzen sich meist ohne große Diskussion die Bewegungsmuster zu einem improvisierten Gruppentanz durch, die gut zueinander passen und gut ineinander übergehen. Manche Tänze überdauern die Gruppenstunde und fließen in einen Gemeindegottesdienst ein. Aber auch hier sollte es keine Zuschauerinnen geben, sondern alle im Raum werden eingeladen, mitzutanzen. Geeignete Lieder finden sich in den gängigen Sammlungen, z.B. Vom Aufgang der Sonne, Alle Knospen springen auf, Viele kleine Leute.

5.7 Das Gleichnis vom Sämann

Intention: Mit den Kindern wird das Gleichnis vom Sämann (Lk 8,4–9) schrittweise inhaltlich erschlossen und in einem ganzheitlichen Prozess in ein dramaturgisches Konzept gebracht.

5.7.1 Bibeltext erschließen

Zur Vorbereitung werden zunächst die einzelnen Bilder des Gleichnisses vom Sämann erschlossen und die Inhaltsebene in sechs Bilder strukturiert, so dass jeder den Ablauf des Gleichnisses kennt.

5.7.2 Erzähllandschaft imaginieren

Dann fühlen wir uns in die Erzähllandschaft ein, beschreiben sie in allen Einzelheiten entlang der Bilder, machen Skizzen oder malen ein schönes Bild dazu. Wie riecht es, schmeckt es oder fühlt es sich dort an? Was gibt es alles zu sehen?

5.7.3 Handlungsträger charakterisieren

Welche Personen oder (handlungsrelevanten) Objekte kommen in der Geschichte vor? Wie stellen wir sie uns vor? Wie ging und säte ein Sämann zur Zeit Jesu? Wie geschieht das heute? Vielleicht schauen wir uns Vincent van Goghs Sämann-Bild an, um die Fantasie anzuregen. Wie sehen Saatkörner aus? Welche Eigenschaften haben sie? Welche Erfahrungen stehen ihnen bevor? Welche Namen geben wir ihnen? Welche Früchte werden daraus wachsen?

5.7.4 In der Erzähllandschaft spazierengehen

Wir gehen in den im Gleichnis vorgestellten Bildern spazieren und spielen die vorkommenden Gesten pantomimisch nach: Wir sehen den Sämann vor uns, wie er festen Schrittes den ganzen Tag auf- und abgeht und sich sorgt, dass seine Saat auch aufgehen möge. Wir gehen mit ihm durch die Ackerfurchen und streuen die Saat mit gleichmäßigen Armbewegungen aus.

5.7.5 Identifikation mit dem Saatkorn

Wir fühlen uns in ein Saatkorn ein und überlegen, wie es sich wohl fühlt, wenn es auf den harten, kalten Boden fällt, untergegraben wird und mit den ersten Sonnenstrahlen zum Leben erwacht, wie es sich reckt und streckt und dem Himmel entgegen wachsen will, um am Ende reiche Frucht zu bringen, auch wenn es selbst dabei auswächst und abstirbt.

5.7.6 Textstrukturierung

Dann werden uns die vier verschiedenen Äcker von Jesus vor Augen geführt, die drei Unfruchtbaren aber auch der fruchtbare Acker, auf dem die Saat aufgeht. Diese Bildmotive werden erst gemalt, dann in Körpersprache übertragen und in den vielen schillernden Facetten der Begriffe ausdifferenziert:

Sie wurden zertreten, niedergewalzt, plattgedrückt, ausgetreten …
Sie fielen auf harten Fels, verkümmerten, verdorrten, erstickten …
Andere fielen unter Dornen, sie wurden umzingelt, zerstochen …
Am Ende geht die Saat auf trotz alledem und bringt reiche Frucht.

5.7.7 Gemeinsam eine Choreographie entwickeln

Hier können Kinder in kleinen Gruppen selbst ein Bewegungsrepertoire ausprobieren, einander vorspielen und daraus eine Choreographie entwickeln. Aus den Begriffen wird eine Sprechmotette zur Gruppenpantomime mit entsprechend dramaturgischen Verdichtungsmöglichkeiten.

5.7.8 Transfer

Mit seinem Gleichnis sprach Jesus nicht von Ackerbau- und Saatmethoden, sondern davon, wie seine Botschaft von den Menschen aufgenommen wird: Wird sie von anderen Sorgen überwuchert, wird sie abgelehnt oder findet sie fruchtbaren Boden in unseren Herzen? Wir überlegen, wie wir mit der Botschaft Jesu umgehen, wann sie verkümmert, wie wir sie nähren können.

5.7.9 Inszenierung

Für die Inszenierung wird die Rahmengeschichte einbezogen: Wer Ohren hat zu hören, der höre!, heißt es da. Wache Ohren hören Jesus zu. In unserer Inszenierung wird das Publikum zu den Hörern der Botschaft vom anbrechenden Gottesreich, das sich unaufhaltsam gegen alle Widerstände behaupten wird.

5.7.10 Darstellungsform

Soll aus dem Text eine pantomimische Demonstration, ein Schattenspiel oder ein Theaterstück werden? Vielleicht gibt es bekannte Lieder, die gemeinsam gesungen werden können, um das Publikum einzubinden. Oder wir dichten selber Strophen und lassen uns eigene Melodien einfallen, so dass eine Art Singspiel entsteht?

5.7.11 Requisiten

Wir überlegen uns passende Requisiten, Kulissen und Beleuchtungseffekte. Luftballons könnten die Saatkörner symbolisieren. Wie passen wir sie in die Handlungsfolge ein? Wir suchen eine geeignete Bühne oder richten den Altarraum entsprechend her. Die Szenenabläufe werden schrittweise geübt und am Erzählverlauf des Gleichnisses entlang zusammengefügt.

5.7.12 Realisation

Der folgende Vorschlag kann nur ein Beispiel sein. Es kommt immer auf die eigenen Ideen und Potentiale der Kinder an. Eine Mischung aus zielstrebiger Führung, spontanen Ideen und ergebnisoffenem Prozess ist notwendig, damit jedes Kind mit eigenen Ideen zu Wort kommt und nichts verlorengeht.

5.8 Wer Ohren hat zu hören, der höre!

Eröffnung

Mit wechselnden Sprecherstimmen und Sprechchor:

S1:	Alle:
Psst!	Psst!
Ohren haben wir,	– um zu hören!
Ohren haben wir,	– um zu lauschen!
Ohren haben wir,	– um zu horchen!

S2:	Alle:
Psst!	Psst!
Ohren haben wir,	– um zu hören, was los ist.
Ohren haben wir,	– um zu hören, was Sache ist.
Ohren haben wir,	– um zu hören, worum es geht.

S1:	Alle:
Psst!	Psst!
Kannst du hören?	– Auf das Wort?
Kannst du hören?	– Auf ein gutes Wort?
Kannst du hören?	– Auf Gottes Wort?
Wer Ohren hat zu hören,	– der höre!

Wer Ohren hat zu hören, – der lausche!
Wer Ohren hat zu hören, – der horche!

S1:	Alle:
Psst!	Psst!

Während das Lied vom Sämann gesungen wird, zieht die restliche Spielgruppe ein.

Lied: Der Sämann

T/M/©: W. Gies

1. Bild: Ein Körnchen Leben stellt sich vor

Lied: Ich bin nur ein kleines Saatkorn

T/M/©: W. Gies

Schriftwort

Ein Sämann ging auf das Feld hinaus, um zu säen. Doch als er säte, fiel ein Teil der Körner auf den Weg, und sie wurden zertreten.

Dazu spielt die Gruppe eine Pantomime vom wachsenden Körnchen, das aus einer zusammengeduckten Haltung zum hohen Halm emporwächst.

Sprechmotette

S:
Sie fielen auf den Weg

Alle:
Auf den Weg – den Weg – Weg *(verschwebendes Echo)*

S:
Und sie wurden …

Alle
Mit Füßen getreten
Niedergewalzt
Plattgetrampelt
Breitgetreten
Zermalmt
Zerstampft
Tot getreten! – Oh!

Beckenschlag
Die aufgeblasenen kleinen Luftballons, die der Sämann beim Einzug auf der Bühne ausgesät hat, können jetzt von der Gruppe zertreten werden.

S:
Das soll nicht geschehen! Darum bitten wir den Sonnenschein:

Lied: Sonnenscheinlied

T/M/©: W. Gies

2. Bild: Das Saatkorn Hoffnung stellt sich vor

Lied: Ich bin nur ein kleines Saatkorn

Statt »Leben« heißt es jetzt jeweils »Hoffnung«.

Schriftwort

Ein anderer Teil fiel auf felsigen Grund und ging sofort auf. Als aber die Sonne aufstieg, wurde die Saat versengt und sie verdorrte, weil sie keine Wurzeln hatte.

Auch dieser Text wird pantomimisch dargestellt.

Sprechmotette

S:
Sie fielen auf harten Fels

Alle:
Auf harten Fels – harten Fels – Fels *(verschwebendes Echo)*

S:
Und sie …

Alle:
Vertrockneten
Verkümmerten
Verbrannten
Verdorrten
Ihnen ging die Puste aus
Weil ihnen die Wurzeln fehlten! – Oh!

Beckenschlag
Einige Kinder pusten Luftballons auf und lassen sie frei in den Raum fliegen, so dass sie pfeifend ihre Luft verlieren und verkümmern.

S:
Das soll nicht geschehen! Darum bitten wir den Sonnenschein:

Sonnenscheinlied

KV: Sonnenschein, lass mich gedeih'n …
2. Will nicht verzagen, will tiefe Wurzeln schlagen.
Doch auf hartem Felsen, kann ich mir nicht helfen!
KV: Du, mein Gott, lässt mich gedeih'n …

3. Bild: Das Saatkorn Liebe stellt sich vor

Lied: Ich bin nur ein kleines Saatkorn
Statt Leben heißt es jetzt »Liebe«.

Schriftwort
Wieder ein Teil fiel unter die Dornen. Die Dornen wuchsen und erstickten die Saat.

Die Szene wird pantomimisch dargestellt.

Sprechmotette

S:
Sie fielen unter die Dornen.

Alle:
Unter die Dornen – die Dornen – Dornen *(verschwebendes Echo)*

S:
Und sie wurden …

Alle:
Eingeigelt
Eingekesselt
Eingesponnen
Eingeklemmt
Eingelocht
Erstickt! – Oh!

Beckenschlag
Die Gruppe stellt sich dicht um das Körnchen Liebe und hindert es zu wachsen. Ein großer Luftballon wird am Ende mit einem lauten Knall zerstochen.

S:
Das soll nicht geschehen! Darum bitten wir den Sonnenschein:

Sonnenscheinlied

KV: Sonnenschein, lass mich gedeih'n …
3. Will nicht ersticken hier unter Dornenhecken,
Ich will mich frei entfalten, kann mich sonst nicht halten!
KV: Du, mein Gott, lässt mich gedeih'n …

4. Bild: Das Körnchen Freude stellt sich vor

Lied: Ich bin nur ein kleines Saatkorn
Statt Leben heißt es jetzt jeweils »Freude«.

Schriftwort
Ein Teil jedoch fiel auf guten Boden und brachte Frucht: 30-fach, 60-fach-100-fach. Die Saat ging auf!

Die Szene wird pantomimisch dargestellt.

Sprechmotette

S:
Sie fielen auf guten Boden.

Alle:
Auf guten Boden – auf guten Boden – auf guten Boden *(crescendo)*

S:
Und sie brachten reiche Frucht:

Alle:
Ganz neues Leben
Ganz feste Hoffnung
Ganz reiche Liebe
Ganz große Freude
Aus gutem Grund! – Ah!

Beckenschlag
Ein Riesenballon (Herz oder Erdkugel) wird mit einer Pumpe aufgeblasen und in der Gruppe zum fröhlichen Spiel jongliert. Er kann mit Karten behängt werden, die die Kinder schreiben.)

S:
So soll es geschehen! Darum bitten wir den Sonnenschein:

Sonnenscheinlied
Eventuell kann dazu ein Tanz eingeübt werden.

KV: Sonnenschein, lass mich gedeih'n …
4. Deiner Strahlen Wärme, die lockt mich aus der Erde
und auf gutem Grund, ja da bleibe ich gesund!
KV: Du mein Gott, lässt mich gedeih'n …

Zum Ausklang stellen sich alle noch einmal in einem Halbkreis auf.

Ausklang: Jesus, der Sämann

Alle:
Die Saat geht auf! Himmelreich:

S:
Auch wenn Körner auf dem Weg zertreten werden.

Alle:
Die Saat geht auf! Himmelreich:

S:
Auch wenn Körner auf hartem Fels verdorren

Alle:
Die Saat geht auf! Himmelreich:

S:
Auch wenn Körner unter Dornen ersticken.

Alle:
Die Saat geht auf! Himmelreich:

S:
Weil Jesus unser Sämann ist.

Alle:
Die Saat geht auf! Himmelreich:

S:
Weil Gottes Liebe unser Nährboden ist.

Alle:
Die Saat geht auf! Himmelreich:

S:
Weil wir im Geist Jesu wachsen.

Gebet

Jesus, du wolltest uns Sämann sein. Du hast mit vollen Händen guten Geist gesät – Schritt für Schritt, Tag für Tag. Du hast die Hoffnung nie aufgegeben, auch nicht im Tod am Kreuz, dass deine Saat aufgeht. Du bist bei uns, damit die Saat nicht aus- sondern aufgeht, Schritt für Schritt, Tag für Tag!
Amen.

Mit dem Sämannlied vom Anfang treten alle ab.

Lied vom Sämann

2. Es wird wohl werden, mag auch viel verderben,
es wird gelingen, reiche Frucht zu erbringen!

Die neue, wunderschön illustrierte Kinderbibel

Die Bibel

erzählt für Kinder von Erich Jooß

Durchgehend farbig illustriert von Ute Thönissen
17,0 × 23,0 cm
224 Seiten, gebunden mit Lesebändchen
ISBN 978-3-451-28790-9

- Nah an der Einheitsübersetzung kindgerecht nacherzählt
- Textauswahl an den Lehrplänen für die Grundschule orientiert
- Detailreich im Sachbuchstil illustriert
- Erläuterungen zu einzelnen Begriffen und Ereignissen auf Infozettelchen
- Angabe der Originalbibelstelle neben dem Text

Für Kinder im Vor- und Grundschulalter